TRÍADE DO PODER

MÁRCIO MICHELI

TRÍADE DO PODER

A CHAVE QUE ATIVA SEU POTENCIAL

Editora Vida
Rua Conde de Sarzedas, 246 — Liberdade
CEP 01512-070 — São Paulo, SP
Tel.: 0 xx 11 2618 7000
atendimento@editoravida.com.br
www.editoravida.com.br
@editora_vida /editoravida

Editora-chefe: Sarah Lucchini
Editor responsável: Maurício Zágari
Preparação: Judson Canto
Revisão de provas: Josemar de Souza Pinto
e Paulo Oliveira
Coordenadora de design gráfico: Claudia Fatel Lino
Projeto gráfico e diagramação: Marcelo Alves de Souza
Capa: Vinícius Lira

TRÍADE DO PODER
© 2023, 2024, by Márcio Micheli

Todos os direitos desta edição em língua portuguesa são reservados e protegidos por Editora Vida pela Lei 9.610, de 19/02/1998.

É proibida a reprodução desta obra por quaisquer meios (físicos, eletrônicos ou digitais), salvo em breves citações, com indicação da fonte.

■

Exceto em caso de indicação contrária, todas as citações bíblicas foram extraídas da *Nova Versão Internacional* (NVI)
© 1993, 2000, 2011 by International Bible Society, edição publicada por Editora Vida.
Todos os direitos reservados.

Todas as citações bíblicas e de terceiros foram adaptadas segundo o Acordo Ortográfico da Língua Portuguesa, assinado em 1990, em vigor desde janeiro de 2009.

■

As opiniões expressas nesta obra refletem o ponto de vista de seus autores e não são necessariamente equivalentes às da Editora Vida ou de sua equipe editorial.

Os nomes das pessoas citadas na obra foram alterados nos casos em que poderia surgir alguma situação embaraçosa.

Todos os grifos são do autor, exceto os indicados.

1. edição: set. 2023
1ª reimp.: set. 2023
2ª reimp.: fev. 2024

2. edição: mar. 2024

Dados Internacionais de Catalogação na Publicação (CIP)
(Câmara Brasileira do Livro, SP, Brasil)

Micheli, Márcio
  Tríade do poder / Márcio Micheli. -- 1. ed. -- Guarulhos, SP : Editora Vida, 2023.

  ISBN 978-65-5584-436-8
  e-ISBN: 978-65-5584-435-1

  1. Autoajuda 2. *Coaching* 3. *Coaching* - Experiências pessoais 4. Espiritualidade I. Título.

23-166774   CDD-200.8

Índice para catálogo sistemático:
1. *Coaching* : Aspectos religiosos : Cristianismo   200.8
Aline Graziele Benitez - Bibliotecária - CRB-1/3129

SUMÁRIO

INTRODUÇÃO 6

CAPÍTULO 1 Estou preparado? 10

CAPÍTULO 2 Comece pelo "o quê" 34

CAPÍTULO 3 Autorresponsabilidade 58

CAPÍTULO 4 Todos nós temos um conteúdo 78

CAPÍTULO 5 As vozes 96

CAPÍTULO 6 As prioridades da vida 120

CAPÍTULO 7 *Networking* 186

CAPÍTULO 8 Modelando o Perfeito Amor 204

COMO TUDO ACONTECEU 220

INTRODUÇÃO

Avida é curta, passa rápido, e não temos tempo para ficar tentando e tentando. Ou você dá certo nesta vida ou você dá certo nesta vida. É isso mesmo que você leu. Suas opções são: dar certo ou dar certo.

Nosso cérebro foi programado para economizar energia a qualquer custo e, quando estamos em um processo decisório, ele costuma escolher, das opções oferecidas, aquela que consome o menor gasto de energia. Por isso, não vamos dar ao cérebro a opção de dar certo ou não dar certo, pois ele vai induzi-lo a seguir a opção de menor consumo de energia cerebral, que, na maioria das vezes, é *não dar certo*.

Para você refletir: muitos usam a expressão "antes só do que mal acompanhado". Com base nessa ideia, quais opções foram oferecidas ao cérebro? *Só* ou *mal acompanhado*. Acredito que a maioria das pessoas que usam essa frase não quer ficar só nem mal acompanhada, mas repete essas opções ao cérebro constantemente e acaba programando-o de forma gradativa para no futuro, de forma inconsciente e intuitiva, fazer escolhas que não conduzem à vida que gostariam. Aproveitando essa reflexão, faço uma sugestão: mude a expressão "antes só do que mal acompanhado" para "bem acompanhado é melhor do que só". Isso muda tudo na sua mente, mesmo que você não perceba.

Cuidado com as opções que dá ao cérebro, pois, além de muito poderoso, ele também é altamente sugestionável e acredita na história que lhe contamos. O cérebro acredita ainda mais na história contada por pessoas com quem temos intimidade, pois intimidade é a chave que damos para as pessoas acessarem nossas emoções.

Se definir bem as opções que damos ao cérebro é tão importante, será que sempre teremos o poder de controlar e definir as diferentes alternativas que lhe oferecemos? A resposta é muito clara: não! Porque, para termos controle sobre as opções disponíveis, precisaríamos ter controle sobre pessoas, processos, situações do dia a dia, adversidades... em outras palavras, não temos como controlar as possibilidades que surgem diariamente. Então, como vamos escolher a melhor dentre as opções oferecidas? A resposta é simples, mas, ao mesmo tempo, intrigante: ter clareza sobre o sentido da vida e o sentido da sua vida.

A verdade é que existem dois sentidos para a vida: um, comum a todos, e outro, individual, que tem relação somente com quem você é, sua identidade única. É como se associássemos o sentido comum ao propósito, e o individual, à vocação. O propósito é o mesmo a todos, mas cada um oferece ao próximo o seu propósito por meio de uma atividade profissional que exigirá atributos de sua identidade (vocação).

Propósito é a transformação que você promove nas pessoas quando desenvolve sua vocação.

Prepare o seu coração, porque, se esta obra chegou às suas mãos, você é a pessoa certa, no tempo certo, para acessar este conteúdo. Ele não só lhe dará conhecimento, mas, acima de tudo, produzirá a convicção do sentido de existir e viver seus melhores dias na terra.

Em cada capítulo, você perceberá duas tríades: a primeira, composta de corpo, mente e espírito. A segunda, formada por Deus, o eu e o outro. E a intersecção de ambas, trabalhadas de modo consciente, é que resultará na clareza do sentido da sua existência.

A leitura em si, sem ação, não produzirá verdadeiro crescimento pessoal. Por certo, agregará algum valor intelectual, mas nem de longe vem a ser o "o quê" desta obra poderosa. Ler este livro sem responder aos desafios propostos é como usar caneta para prender o cabelo: achou-se uma utilidade para ela, mas não terá cumprido sua verdadeira função. Então, prepare-se para viver uma experiência incrível que não vai colocá-lo para cima, nem para baixo, mas dentro de você, da sua essência.

Este livro não termina em você. Afinal, o que propõe com seus direcionamentos, havendo decisão consciente, é que você afete positivamente a vida de seus descendentes e de quem mais tiver a honra de cruzar o seu caminho.

O que desejo é que você se esvazie do velho e se abra para o novo. Então, de mãos dadas, nos aprofundaremos juntos.

TRÍADE
DO PODER

CAPÍTULO 1

Estou preparado?

> Eu não falhei. Apenas descobri 10 mil
> maneiras que não funcionam.
>
> Thomas Edison

Fatores preponderantes no processo de preparação

Desde os primórdios do mundo, a vida se inicia com a união de células, que com o tempo e o cuidado devidos se multiplicam e se transformam em um ser complexo e cheio de potencialidades.

Assim, somos como uma folha em branco, concebidos livres de dor, julgamentos, culpa e medo e cheios de pureza e ingenuidade. À medida que crescemos, distinguimos os comportamentos que nos fazem sentir amados, cuidados e protegidos, por isso nossos desejos e ações visam apenas à adaptação e à sobrevivência no ambiente em que fomos inseridos.

Quando crianças, nossas únicas expectativas giravam em torno de nos sentirmos amados, aceitos e acolhidos. Por isso, expostos a um ambiente de proteção e cuidado, sentimo-nos seguros para ser autênticos, nossa autoestima se eleva e adquirimos maior capacidade de ação. Já num ambiente desfavorável, cheio de conflitos e desprovido de amor, que nos impede de construir uma percepção positiva de nós mesmos, nossa autoestima é comprometida, tendemos a ser inseguros e passamos a ser guiados pelo medo, que nos paralisa e nos impede de agir.

Com o tempo, a folha em branco vai sendo preenchida com experiências, observações, sentimentos e emoções vivenciadas no decorrer da vida.

Nesse processo, nossas percepções se formam apoiadas em nossa visão de mundo, que se dá por meio do que vimos, ouvimos, sentimos, cheiramos e experimentamos — os cinco sentidos.

Em nossa originalidade, somos capazes de pensar, sentir e escolher. Nossos pensamentos, uma vez formados, geram um sentimento, que por sua vez resulta em uma ação, a qual pode consistir em uma decisão (ação ativa) ou em uma omissão (ação passiva), e consequentemente teremos um resultado.

Assim, quando um pensamento ocupa nossa mente, um ambiente é gerado em nosso corpo para albergá-lo no coração, sob a forma de sentimento. E esse sentimento (amor, saudade, raiva, indignação) nos faz adotar uma postura ou ação (falar, remoer, brigar, chorar), que produzirá um resultado.

Pense no acontecimento que mais o incomoda neste momento. Feche os olhos e analise os efeitos desse pensamento em seu coração e os reflexos no corpo (mãos, pernas, ombros, face, dentes).

Pense agora no dia mais feliz da sua vida e perceba a mudança em seu estado de espírito: o peito se enche de ternura, o que provoca um sorriso, e você se sente mais leve.

Ou seja, nossos pensamentos, com os quais alimentamos a mente, alimentam também o coração e assim criam ondas que conectam todas as células do corpo, em uma frequência capaz de produzir um estado de espírito.

Consegue perceber o poder que temos dentro de nós? Com um simples "clique" de um pensamento, esse poder é capaz de curar ou envenenar todo o corpo.

Portanto, o que pensamos — o significado que damos aos acontecimentos — está diretamente relacionado com os resultados acumulados em nossa vida.

Assim, cada um interpreta os acontecimentos conforme visualiza a situação por meio dos sentidos ou com base em suas experiências e referenciais.

Um mesmo fato, uma mesma fala ou um mesmo acontecimento pode ter diversas interpretações quando analisados por diferentes pessoas — cada um de nós é um universo à parte.

ESTOU PREPARADO?

Façamos um teste: qual a primeira coisa que lhe vem à mente quando você observa a imagem abaixo?

Muitos interpretam essa imagem como um registro de escassez, pois veem alguém com pouco dinheiro contando moedas para pagar contas. Se você a entendeu assim, está com a maioria.

Todavia, a imagem mostra um colecionador de moedas raras. A resposta da maioria, portanto, reflete a percepção comum, não a realidade.

Imagine, porém, que seu avô colecione moedas. Você interpretaria corretamente a imagem, porque já tem essa referência.

Então, o que leva a pessoa a ver na imagem um colecionador ou uma situação de escassez?

Essa percepção depende do que a pessoa viu, ouviu e sentiu na infância e ficou armazenado na mente como verdade, que a levou a uma crença, a um entendimento sobre determinadas situações.

Na mente da criança, tudo que ela percebe nos pais ou no ambiente familiar constitui a melhor forma de viver ou de fazer escolhas. Mesmo que depois de adulta deseje uma vida melhor ou mudar algumas situações, ela replicará de modo inconsciente comportamentos e escolhas vivenciados na infância pelos pais ou tutores, pois foi quando se formaram as primeiras e mais fortes referências sobre certo e errado.

É por isso que na hora da dor ou da decepção criamos uma crença que, por um momento, nos protege da situação e evita o sofrimento.

Por exemplo, a menina que escutou a vida inteira a mãe dizer que "os homens são todos iguais" possivelmente cresceu acreditando que homem não presta e, de modo inconsciente, provavelmente acabará se relacionando com homens ruins para justificar a crença construída.

Da mesma forma, a criança constantemente advertida de que o concurso público é a única forma de garantir a segurança financeira crescerá convicta de que só obterá estabilidade financeira se for concursada. Isso pode levar a pessoa a uma grande frustração, a nunca se sentir realizada na vida profissional ou mesmo a escolher a estabilidade do concurso público, em prejuízo de um sonho ou de sua vocação.

Também é comum a criança ouvir que dinheiro é sujo e não deve ser posto na boca — e é verdade, pois o dinheiro passa na mão de muita gente. No entanto, o registro dessa informação na mente da criança pode não ser adequado, porque ela irá associar o sujo com o ruim, e essa interpretação pode dificultar, quando adulta, suas conquistas financeiras.

Outro exemplo é a regra de comer tudo que está no prato, para ensinar a criança a não desperdiçar comida, que pode impor à criança a obrigação de comer mesmo sem ter fome. Essa crença pode levá-la ao hábito de comer em excesso ou mesmo a desenvolver compulsões alimentares.

Registre-se ainda que as crenças mais fortes são incutidas em ambiente de intimidade, em situações decorrentes de forte impacto emocional ou de forma gradativa, resultado daquelas frases que escutamos repetidas na infância e na juventude, como: "Engole o choro"; "Homem não chora"; "Você não tem idade para isso"; "Você vai cair, quebrar o pescoço e morrer"; "Você sempre será meu bebê"; "Querer não é poder"; "Você não vai conseguir!"; "Isso não é para nós"; "Somos pobres"; "Dinheiro não dá em árvore". Essas e outras frases ditas por pessoas chegadas podem parecer normais, mas ficam armazenadas no inconsciente.

Ao longo da vida, essas frases "inocentes" — que na verdade são crenças enfraquecedoras — limitam nosso desenvolvimento, nos travam e nos sabotam. E, na maioria das vezes, a pessoa nem imagina onde está a raiz

ESTOU PREPARADO?

de seus pensamentos, posturas e decisões de fracasso, da baixa autoestima, da autodesvalorização ou da ruína financeira.

A crença formada na infância que nos impede de avançar, nos paralisa, nos causa medo ou nos sabota é limitante, e, como já dissemos, não é fácil perceber sua origem.

Como também já afirmamos, essas crenças são defesas da mente para evitar que situações de dor se repitam. Nossa mente está sempre pronta para evitar o desperdício de energia e para fugir da dor. Por isso, quando fazemos algo sem esperança de sucesso, somos sabotados desde o início pelo nosso cérebro, seja por antever um gasto desnecessário de energia, seja para se proteger da dor.

Assim, se nada for feito contra a crença que nos limita ou nos paralisa, ela continuará interferindo em nossas ações e nos resultados de nossa vida.

A crença limitante é como um *gamer* com o controle da mente nas mãos enviando comandos ao cérebro, especialmente em situações de desconforto, por isso reagimos a elas de modo automático, sem saber por quê. Mas a resposta é simples: não estarmos no controle de nossa mente nem de nossas ações.

Todavia, com o tempo o poder dessa crença pode perder o sentido ou enfraquecer, porque não se trata de uma verdade absoluta e também por entrar em conflito com nossas habilidades, valores, motivações e identidade. Mas até então ela terá atrapalhado em demasia o resultado de nossas ações.

Convém lembrar que não somos vítimas de nossa biologia, como diziam por aí: somos livres para escolher. Assim, embora não tenhamos controle sobre muitos dos acontecimentos, podemos controlar nossa reação a eles. E nossa atitude pode mudar o resultado do que ocorre à nossa volta.

Te propus a vida e a morte, a bênção e a maldição.
Escolhe a vida para que vivas, tu e a tua semente
(Deuteronômio 30.19, Tradução Brasileira).

Se olharmos positivamente para o estímulo negativo, o trauma ou a dor, com o foco no futuro, poderemos transformar esses pensamentos e crenças em motivação para avançar.

Por exemplo, ao ouvir que não somos capazes, que não vamos conseguir, podemos nos vitimizar (ficar reclamando, sem nada fazer) ou nos levantar e entrar em ação para mudar nossa história.

Da mesma forma, se estivermos em uma situação financeira difícil, mas decididos a não aceitar a pobreza, podemos tomar esse fato como impulso para fazer diferente.

Quem nos tornamos ou nos tornaremos não depende dos estímulos recebidos, mas, acima de tudo, de como reagimos e interpretamos esses estímulos. Dependendo de nossa percepção e decisão, eles podem nos motivar ou nos sabotar.

LEMBRE-SE: A DECISÃO ESTÁ EM SUAS MÃOS.

Nossa mente, um importante guia para a preparação

O significado que damos àquilo que vivemos no presente é construído das lembranças, conscientes e inconscientes, do passado. No entanto, esse significado não é criado pelo que de fato aconteceu, mas pela maneira como nos sentimos quando aconteceu.

Estudos científicos recentes demonstram que todas as vivências obtidas na infância e ao longo da vida adulta geram sequências de pensamentos, emoções e sentimentos, e essas reações mudam a natureza de nosso cérebro.

Antigamente, a ciência acreditava que a anatomia do cérebro e suas consequentes reações não podiam ser modificadas, que ele se tratava de um órgão rígido. Assim, acreditavam que danos causados ao cérebro, em razão de um AVC, por exemplo, ou mesmo de uma lesão por trauma, eram irreversíveis.

Todavia, estudos recentes comprovam que isso não é verdade.

Ficou evidenciado que pensamentos são reais e ocupam um espaço físico na mente e que por meio deles podemos mudar até a estrutura física do cérebro, a forma em que os genes do corpo se comportam. Ou seja, o pensamento positivo põe a estrutura cerebral em uma direção saudável e normal. Consequentemente, alteramos a forma de viver e de encarar a vida:

Como imagina em sua alma, assim ele é
(Provérbios 23.7, Almeida Revista e Atualizada).

A natureza adaptável e maleável do cérebro é conhecida como neuroplasticidade. Estudos sobre o tema têm proporcionado avanços com relação à possibilidade de mudança de comportamento e de mentalidade (*mindset*, para usar um termo mais em voga).

Convém destacar aqui algo importante que rema contra a maré de nossa natureza de seres dotados de mente pensante (um dos maiores poderes de todo o universo): os traumas emocionais profundos.

Alguns carregam esses traumas e não se curam. Assim, ficam presos à própria mente por meio de substâncias físicas, que levam a um comportamento negativo e tóxico. O grande problema é que os pensamentos tóxicos afetam não só o corpo, mas também a alma e o espírito. As pessoas ao redor deles também são afetadas, de modo que deixam um legado de dor e aprisionamento.

Não vos conformeis com este século, mas transformai-vos pela renovação da vossa mente
(Romanos 12.2, Almeida Revista e Atualizada).

A mudança de crença e de mentalidade acontece quando tomamos consciência do que pensamos de nós mesmos e da vida e entendemos que as coisas que nos acontecem dizem mais acerca de nós mesmos que dos outros, pois nossa interpretação será influenciada por essas crenças, pela nossa maturidade e pelas nossas experiências, frustrações e vitórias. Entender como nossa mente funciona e acreditar na mudança de pensamento podem transformar nosso *mindset*.

Quando reconhecemos e acolhemos nossa história e entendemos que as coisas pelas quais passamos — especialmente as feridas causadas na infância — influenciaram nossas escolhas e nos desviaram do propósito para o qual nascemos, libertamo-nos da escravidão aos ciclos dos acontecimentos que alteraram nossa essência, nossa identidade.

Assim, trazer para o consciente a ideia de que somos únicos, que portamos uma identidade registrada em nosso DNA e que como seres pensantes possuímos criatividade, imaginação e a capacidade de refazer nossa rota nos torna livres para tomar o rumo de nosso merecido futuro.

Temos uma essência única e poderosa

Somos seres portadores de uma identidade arraigada a muitas possibilidades, revelada pela nossa natureza divina (1 Coríntios 12.27) e formada pela nossa essência, de potencial ilimitado. Sem dúvida, nossas experiências, emoções e decisões irão interferir na rota, mas construir uma mente de abundância consciente de nosso poder evitará dores e nos permitirá viver mais próximo de nossa essência única, poderosa e divina.

Deus nos vê por meio de nossa identidade. Ele nos fez com uma identidade única, nos deu um nome e nos chama por esse nome. É essa identidade que nos conecta com o transcendental.

Disse Deus: Façamos o homem à nossa imagem, conforme a nossa semelhança
(Gênesis 1.26, Almeida Revista e Corrigida).

Já percebeu que ninguém possui um timbre de voz idêntico ao seu, nem suas digitais, nem o mesmo desenho do tecido celular que compõe sua pele? Já parou para pensar que suas habilidades, pensamentos, experiências e a forma de ver e interpretar as coisas também são singulares no universo e formam um conjunto chamado VOCÊ?

ESTOU PREPARADO?

É justamente essa identidade, esse conjunto de características, que o torna único, diferente dos demais.

Essa identidade, por sua vez, vai sendo lapidada mediante a construção de nossas habilidades, o que fazemos bem, com facilidade e com prazer — aquilo que quando fazemos todos elogiam e dizem ser nosso dom, nosso talento.

Até mesmo as dificuldades que enfrentamos podem fortalecer nossas habilidades e nos mostrar o melhor caminho para a excelência. Aliás, é onde somos feridos que temos uma grande força revelada, especialmente quando vencemos uma batalha, pois uma dificuldade vencida cria uma habilidade que pode ser, inclusive, ajudar outros em igual situação.

Nossos fracassos devem ser também nossos professores, que nos mostrem o que precisa ser aperfeiçoado e a rota certa a seguir, que incutam em nós humildade e senso de humanidade. Aquele que, mesmo fracassando, segue o fluxo incansavelmente se tornará notável e a cada derrota se sentirá mais preparado.

Uma história conhecida por uma série de "fracassos" é a de Thomas Edison. Questionado sobre as mais de 10 mil tentativas para inventar a lâmpada elétrica, ele respondeu que não havia falhado nem uma vez: apenas encontrara 10 mil maneiras de não inventar a lâmpada elétrica — e foi na tentativa seguinte que ele obteve êxito.

Edison não estava preocupado com críticas, julgamentos ou temores; ele entendia o poder de seu DNA criador e, livre de ego, a cada tentativa se preparava melhor. Não fosse assim, talvez este livro estivesse sendo lido à luz de um lampião.

Convidamos você a refletir agora sobre os caminhos que trilhou até aqui, sobre o que precisou mudar, melhorar, superar e enfrentar para que pudesse prosseguir. Pense em quantos projetos deixou de iniciar ou abandonou por medo das críticas, por não entender que nos fracassos é que se molda a preparação e não acessar o potencial e o poder divino que carrega em seus genes.

As vitórias também são importantes, pois vêm comprovar que o caminho está correto, e merecem ser celebradas. Por mínima que pareça, a vitória deve ser comemorada, para mostrar ao cérebro que o processo é condizente com a busca e que a constância nesse processo, formada por acertos e erros, nos levará ao sucesso, o qual, diga-se de passagem, não é um ponto fixo.

Para encontrar o caminho certo, permanecer nele e obter resultados excepcionais, devemos buscar sempre desenvolver nossas melhores habilidades, dons e talentos.

Procurai com zelo os melhores dons; e eu vos mostrarei um caminho ainda mais excelente
(1 Coríntios 12.31, Almeida Revista e Corrigida).

Se não conseguirmos perceber nossa história de sucesso ou se ainda não sabemos qual é o nosso propósito, talvez estejamos olhando para o lugar errado: para os lados, não para nós mesmos.

A imagem que projetamos sobre nós dirá quem de fato seremos.

Que imagem você projeta a seu respeito? O que vê ao se olhar no espelho? Gosta do que vê? Que régua você está usando para medir sua vida: a sua ou a dos outros?

Um dos maiores problemas da modernidade é a comparação.

A sociedade estabelece padrões e nos faz crer que precisamos nos encaixar neles — afinal, o que sempre buscamos desde que éramos uma folha em branco é pertencer, ser aceitos e nos sentir amados.

Todavia, há uma gritante diferença entre pertencer e se encaixar. Ao pertencer, fazemos parte de algo, mas para nos encaixar precisamos nos moldar, cortar arestas. Só assim iremos caber onde pretendemos, e isso pode ser muito desconfortável.

Por isso, ser diferente é muitas vezes encarado como algo ruim, pois exige um esforço muito maior para se encaixar, para ser aceito por um grupo, e esse risco quase ninguém quer correr.

Contudo, é justamente aí que mora a estagnação. Quando comparamos nossos bastidores com o palco de outras pessoas, o fracasso é quase certo. Quando não reconhecemos nossas habilidades, ficamos sem saber onde fica nosso palco ou quem somos de fato e nos distanciamos de nossa essência e propósito.

Por isso, seguimos acreditando que o sucesso do outro foi fácil, sem lembrar que por trás do sucesso dele houve também muitas dificuldades e desafios nos bastidores.

ESTOU PREPARADO?

Então, a voz do acusador (da qual falaremos no capítulo 5) sussurra em nossa mente que, se enfrentamos dificuldades, é porque talvez não sejamos tão bons assim. Desse modo, passamos a nos sabotar, nos limitar e nos afastar de nossa essência, até mesmo do amor-próprio.

> **Em muitos casos, o sucesso do outro se deve às suas habilidades, conquistas, quedas e aprendizados. E, se medirmos nossa vida com a régua alheia, jamais alcançaremos NADA que faça sentido para nós. NADA.**

Só seremos capazes de medir nosso sucesso se usarmos nossa régua, pois só ela fará real sentido para nós e será capaz de nos medir com a precisão que um ser único exige. Daí a importância de entendermos que hoje precisamos ser melhores do que fomos ontem, não melhor que fulano ou sicrano. Viver essa assertiva, além de libertador, nos conduzirá a um nível mais elevado.

Imagine acordar todos os dias determinado a ser melhor que no dia anterior, a fazer coisas melhores. O resultado dessa matemática será incrível!

Naturalmente, nossa régua também não deve ser usada para medir o cônjuge, o filho, os pais, nem qualquer outra pessoa. Caso contrário, iremos gerar comparações, matar a essência e afastá-los de seu propósito.

Contudo, podemos e devemos compartilhar e aprender com os outros, buscar referências que nos inspirem e aperfeiçoem, mas nunca nos medir pelo outro ou medir o outro por nós. Seria um ato de extrema injustiça, um padrão desigual e injusto de medida.

Determinado número de graus na escala Celsius representará uma temperatura diferente na escala Fahrenheit: o mesmo número terá significados diferentes quando interpretado por medidas e grandezas diferentes.

Assim ocorre quando medimos os outros pela nossa régua ou quando nos medimos pela régua de outra pessoa. É como se no mundo cada um fosse portador de uma grandeza singular, um número que jamais será interpretado corretamente pela escala de outro ser humano.

Isso ocorre porque somos totalmente diferentes, com nossas histórias, sucessos, derrotas, aprendizados, criação, referências, mentalidade, composição corporal — nosso DNA é único.

Além disso, temos uma coisa que ninguém pode copiar: o fato de sermos criados à imagem e semelhança de Deus.

> **Ele fez tudo apropriado ao seu tempo. Também pôs no coração do homem o anseio pela eternidade; mesmo assim ele não consegue compreender inteiramente o que Deus fez**
> (Eclesiastes 3.11, Nova Versão Internacional).

Nossa identidade está diretamente conectada ao amor de Deus. Quando nos conectamos à essência do amor supremo, passamos a amar a nós mesmos de maneira intuitiva e, naturalmente, a amar os outros. Sondar a natureza desse amor nos permitirá não só amar a Deus, como também não nos deixará sentir medo de encarar a vida.

> **No amor não há medo; ao contrário o perfeito amor expulsa o medo, porque o medo supõe castigo. Aquele que tem medo não está aperfeiçoado no amor**
> (1 João 4.18, Nova Versão Internacional).

Tudo que você aprender e replicar terá seu DNA, e essa é a grande mágica do *show* da vida, proporcionada pela nossa identidade divina. Essa é a beleza de sermos quem somos, a perplexidade da vida humana, por isso Deus disse que era bom.

Os estímulos emocionais que recebemos podem ter esmagado nossa identidade, tirado nossa essência e nossa história. Não nos reconhecemos em Deus nem em nossa família e, consequentemente, não nos reconhecemos em nós mesmos.

Perdemos tudo e não alcançamos nada. Separamo-nos de nós mesmos.

Nosso corpo, nossa alma e nosso espírito são separados, e ficamos parecendo apenas carne, sujeitos a desejos, apetites e paixões, em uma busca desenfreada por momentos de prazer, migalhas de uma falsa felicidade. Por isso, precisamos nos encontrar.

Uma vida com direção, um norte para a preparação

De acordo com a ciência, nossa bússola nos conduz em uma busca pela liberação de dopamina, de bem-estar e felicidade, mas que parece interminável, pois buscamos uma coisa e na verdade precisamos de outra.

O que de fato irá nos preencher está um pouco além de nosso entendimento sobre felicidade.

Vigiai e orai, para que não entreis em tentação; na verdade, o espírito está pronto, mas a carne é fraca
(Mateus 26.41, Almeida Revista e Corrigida).

A felicidade não pode ser justificada no ter, no adquirir, na conquista de bens materiais, no reconhecimento profissional, na fama, em uma falsa concepção de sucesso, nos prazeres momentâneos, em uma vida de "liberdades", onde ser livre é escolher o que se quer sem pensar nas consequências.

Uma vida vazia é o que se conquista quando a mente (alma), o corpo e o espírito estão perdidos e desconectados no fundo de uma cratera existencial formada pelo ego inflado, pelo orgulho, pelo egoísmo e pela falta de autoconhecimento.

As pessoas se tornam zumbis emocionais e vivem apenas para os outros, ou melhor, para as coisas, enquanto morrem para si mesmas. Qual o custo disso para a sociedade?

Bem, o custo é tão alto que não pode ser precificado. Também não há como mensurar os danos, mas é possível ter um vislumbre de seus efeitos pela quantidade de pessoas doentes, depressivas, ansiosas e portadoras de variadas fobias e patologias, bem como pelo número de famílias desfeitas, adultérios, homicídios, assassinatos e suicídios.

Quanto desses efeitos maléficos da desconexão do ser você acredita ser aplicável à sua vida? Afinal, você sabe quem é? Já parou para se questionar sobre o que deseja? Alguma vez parou para analisar para onde suas atitudes e decisões estão conduzindo-o ou aonde realmente pretende chegar?

Vale lembrar aqui o que disse Lewis Carrol: "Se não se sabe aonde quer chegar, qualquer caminho serve".

Essa frase nos leva a refletir sobre os efeitos da vida no automático. Quando vivemos a vida sem pensar, sem nos preparar, sem ponderar sobre o que estamos fazendo e sem a preocupação de saber para onde estamos indo, tornamo-nos um barco sem leme, à deriva, que não chega a lugar algum ou chega a qualquer lugar, de qualquer jeito.

Assim, passamos a vida reagindo sem agir. Somos cônjuges, pais e profissionais sem preparo, sem reflexão, sem visão de futuro, apenas nos debatendo e acumulando experiências com os altos e baixos da vida.

Como viveríamos melhor se adotássemos uma visão de futuro para nossos múltiplos papéis e nos preparássemos com maestria para cada um deles! Seríamos muito mais senhores de nossa vida e de nossa história, deixaríamos de ser meros coadjuvantes e assumiríamos o papel principal.

Uma vida sem direção e sem propósito não nos permite vivenciar a satisfação das pequenas conquistas ao longo da jornada. O propósito deve ser conhecido para seguirmos saboreando o caminho, o percurso, a jornada.

Preparar-se implica não só praticar uma habilidade, profissão ou missão, mas acima de tudo equilibrar de forma saudável, consciente e sábia todas as áreas da nossa vida e todos os papéis a nós confiados.

Se entendermos que a preparação constante diz respeito apenas a nós e não admite terceirização e que seus efeitos não podem ficar estagnados,

ESTOU PREPARADO?

mas devem afetar o outro, então teremos entendido tudo. Teremos encontrado nosso propósito e o estaremos vivenciando.

Estar preparado é diferente de estar pronto

Pode parecer utopia ou talvez você esteja confuso com essas informações, mas não se preocupe: nossa jornada está apenas começando. Temos um belo e impressionante caminho pela frente, ainda que você não acredite em seu potencial e em sua capacidade.

Na interpretação de nossa sociedade, estar preparado significa estar pronto e acabado, todavia se trata acima de tudo de sermos honestos com nós mesmos e reconhecer que jamais estaremos prontos, pois estamos em constante construção.

A verdade é que o preparo exige renúncia, rejeição e reprovação; requer que a pessoa se mantenha no invisível por um tempo — talvez longo, talvez não tão longo — para então reinar.

O problema é que as pessoas querem reinar durante o preparo, então queimam etapas e, por não obterem resultados imediatos, sentem-se desestimuladas e desistem. Precisamos nos preparar para a grandeza, não esperar que a grandeza chegue para nos preparar, pois ela encontrará outro mais habilitado.

O preparo confere-nos o passaporte para a fase seguinte, e devemos nos preparar todos os dias para recebê-lo, antes de reinar.

Cabe aqui registrar que algumas pessoas olham a vitrine da vida alheia e querem fazer o que os outros fazem, para viver "as facilidades" que eles vivenciam.

Por exemplo, veem um empresário bem-sucedido e pensam: "Vou abrir uma empresa nesse ramo e viver assim também".

Contudo, a questão é que para viver o que as pessoas vivem não basta fazer o que elas fazem agora, mas fazer o que elas fizeram, pagar o preço que pagaram para chegar lá, e essa tarefa é muito mais difícil.

A modelagem é uma técnica de programação neurolinguística (PNL) e significa exatamente isto: se quisermos determinados resultados, devemos modelar, "copiar", o que as pessoas que conseguiram esse resultado fizeram — suas crenças, comportamentos, estratégias — e reproduzi-las como uma receita de bolo.

Se alguém deseja ser um atleta do tênis, deve, ao modelar aquele que o inspira, copiar o que ele faz, o que come, quantas vezes treina por semana, o que pensa quando treina e quando joga, seus movimentos estratégicos, e assim por diante.

Sobre a ideia de nunca se estar pronto, vamos relembrar a história de um agricultor que de repente se viu convocado para liderar um exército em uma batalha. Naturalmente, ele estranhou a convocação. Assim, resolveu ignorar o comunicado. No entanto, veio nova convocação. Convencido de que se tratava de um engano, foi consultar os órgãos oficiais, que confirmaram a informação.

Ele então procurou o general e explicou que tinha pouca experiência em combate e nenhuma em comando. O alto oficial, porém, que havia algum tempo observava sua postura e seu comprometimento com o país, afirmou que ele estava preparado. Além disso, a estratégia estava montada: bastava a ele a confiança para executá-la. Inconformado, o agricultor pediu provas de que sabiam de fato quem ele era, pois se achava incapaz de cumprir aquela tarefa. Diante das provas apresentadas, ele por fim aceitou a missão.

O número de soldados postos sob seu comando era bem reduzido, pois seu superior deixou claro que não venceriam pela força: eles teriam de confiar na estratégia de ataque, que consistia em posicionar as tropas de madrugada ao redor do acampamento inimigo, na hora da troca da guarda, e quebrar os objetos de barro que levavam no lugar das armas, a fim de produzir grande barulho. Os soldados comandados pelo agricultor assim fizeram e causaram tamanha confusão entre os inimigos que, sem saber o que estava acontecendo naquela escuridão, ficaram desorientados e acabaram atacando uns aos outros. Assim, sem muito esforço, eles venceram a batalha.

Essa é uma história verídica, protagonizada por um personagem que viveu aproximadamente entre os séculos 8 e 7 a.C. À medida que avançar, você descobrirá de quem se trata. Ela demonstra que muitas vezes não estamos preparados para fazer algo, todavia há uma graça aguardando aqueles que não se acovardam e aceitam sua missão.

Muitas vezes, sentimos que não estamos à altura da tarefa que temos diante de nós, por isso nem começamos ou não ousamos arriscar.

ESTOU PREPARADO?

A verdade é que dificilmente nos sentiremos prontos para as grandes batalhas, mas com uma boa dose de fé poderemos vencer nossas limitações e avançar.

Também é saudável entender que precisamos ser fiéis no pouco para herdar o muito. Se você não se legitima no pouco que administra (vida, família, trabalho), jamais estará preparado para a grandeza que aguarda aqueles que dia após dia se preparam no pouco, na invisibilidade de seus atos, focados no "o quê", sem jamais negociar princípios e valores.

Para combater as vozes da derrota que assombram nossa mente, precisamos acessar o poder divino que reside em todas as nossas células. Quando nos diminuímos ou nos colocamos em uma posição de inferioridade, negamos nossa essência ligada a Deus.

Fomos criados à imagem e semelhança de Deus. Logo, somos poderosos. Quem não se valoriza não acredita em si mesmo, não acessa seu potencial e está declarando: "Não fui criado à imagem e semelhança de Deus, por isso sou fraco. Só Deus é forte". Ou: "Fui criado à imagem e semelhança de Deus, mas sou fraco, porque Deus é fraco".

O mesmo ocorre quando negamos um de nossos genitores. Somos formados por 46 cromossomos, 23 recebidos do pai e 23 da mãe. Quando negamos nossa ancestralidade, anulamos e enfraquecemos parte de nós. Quando fazemos nossos filhos negarem o pai ou a mãe, estamos rejeitando parte deles. As consequências emocionais são irreparáveis.

Então, como acessaremos nosso poder, se negamos parte de nós mesmos? Precisamos acessar nossa essência, perdoar e entender nossa história (ainda que tenhamos sido esquecidos, abandonados, abusados, violentados). Devemos entender que nossos pais deram o máximo, no limite de suas condições, recursos e experiências. Se não fizeram algo, é porque não tinham como fazer ou não sabiam fazer.

Entenda as limitações de seus pais. Tente enxergá-los como crianças de 5 anos e pense no que passaram na infância. Assim, não importa o que fizeram, eles lhe proporcionaram a vida. Mesmo que a intenção fosse fazer um aborto, se você está lendo este livro é porque está bem vivo. Então, perdoe e agradeça aqueles que, bem ou mal, lhe deram a oportunidade de existir. Também perdoe e agradeça a você mesmo por ter chegado até aqui e acesse o que você carrega de mais poderoso: sua singularidade.

Carregamos dentro de nós todos os recursos de que precisamos, como uma caixa de ferramentas. Mas para acessá-los você precisa conhecer mais sobre você mesmo, entender e, acima de tudo, se permitir vivenciar experiências que moldem suas crenças, de modo que trilhe novas histórias, nova jornada, nova rota e uma nova vida.

Albert Einstein dizia que a mente que se abre para uma nova ideia jamais volta ao seu tamanho original. Quando nos lançamos ao novo, abrindo mão da crítica e do julgamento e nos expomos, vivemos novas experiências e assim tornamos a mente mais poderosa, o corpo mais resiliente e o espírito mais forte.

O que vivemos até agora não é tudo que ainda podemos de fato viver. O que alcançamos até aqui não é tudo que podemos alcançar. Há muito mais coisas nos aguardando logo ali. Há uma infinidade de conhecimento para adquirir, um universo de possibilidades para desbravar e uma variedade de pessoas para amar e ensinar (ou aprender com elas).

Todavia, para desfrutar tudo isso, a pergunta preponderante é: você quer mesmo avançar? Quer sair de sua zona de conforto?

Tudo que vivemos até hoje é fruto de nossas escolhas ou daquilo que deixamos de escolher, como também da falta de conhecimento sobre mundos e realidade que deixamos de vivenciar e conhecer. Sim, há um mundo novo pronto e exuberante à nossa disposição, uma vida de infinitas possibilidades para qualquer um que queira, com os próprios fios, tecer o mosaico da vida.

Um trecho da canção "Tocando em frente", de Almir Sater e Renato Teixeira, reflete em parte o que foi falado até aqui:

> **Cada um de nós compõe a sua história**
> **E cada ser em si carrega o dom de ser capaz**
> **De ser feliz.**

Como diz a música, carregamos um dom, uma potência, e nossa história, independentemente de qual seja, quando acessada com a consciência de nossa essência divina, jamais nos deformará. Em vez disso, irá nos impulsionar para o futuro merecido, a ser desfrutado com o dom de ser capaz e de ser feliz em qualquer contexto.

ESTOU PREPARADO?

Não fosse assim, não existiriam pessoas felizes em regiões de poucos recursos e muita miséria, por exemplo. A felicidade é acima de tudo um dom que carregamos e faz parte de nossa essência. Não está ligada a dinheiro ou a grandes realizações.

Então, você pode se perguntar: "Quando serei feliz? Quando estarei preparado para o novo, para a mudança, para viver o propósito?".

A resposta para essas perguntas pode ser: quando estiver pronto para abrir mão do medo, do medo de errar, do medo da crítica, do medo da comparação e do julgamento. É preciso aceitar e até normalizar o fato de que no erro e na derrota há também grande possibilidade de aprendizado. A preparação compõe um processo: quanto mais nos expomos, mais preparados nos tornamos.

Você está disposto a mudar de percurso, a pegar o leme de volta e remar em uma direção diferente? Ou tem medo de avançar?

Vale destacar que, assim como as crenças formadas, muitos de nossos medos não foram criados por nós. No entanto, tomamos como verdade o que acreditamos ser verdade pelo simples fato de crermos assim. Isso nos leva à estagnação.

O fracasso e a frustração só produzirão efeitos positivos quando entendermos que eles não determinam o fim do processo: são apenas parte dele.

Todavia, para viver o processo, até nos sentirmos prontos para o sim ou para o não, precisamos estar conscientes do que desejamos. Se tivermos um objetivo definido na mente e no coração, convictos do que buscamos, saberemos o que responder, sem hesitação, quando a oportunidade surgir.

Essa certeza faz que não percamos o *timing*, ou seja, não deixa a oportunidade passar. A segunda oportunidade jamais será nas mesmas condições da primeira, por isso esteja preparado, mesmo que ainda não esteja pronto.

Quem dorme com dúvida acorda com medo e ouve do medo seus piores conselhos. Quem dorme com convicção acorda com fé e coragem para prosseguir e ouve da fé os melhores *insights*.

Então, vamos começar? Organize mentalmente o que faz sentido para você. Abra mão das justificativas. Livre-se das desculpas e das vozes que o impedem de avançar. Aceite-se integralmente. Tome posse de sua história, que é única e moldou você. Acesse sua essência poderosa.

Ao se expor, se testar e se permitir viver o novo, tenha em mente que não se trata de não errar, e sim de ser rápido em corrigir o erro, em perdoar, em pedir perdão e em seguir em frente.

Estar preparado não significa necessariamente estar pronto, capaz de fazer tudo com perfeição. Muitos não avançam porque os projetos e o que os espera nunca está bom o bastante para eles.

A melhoria e o aprimoramento fazem parte do processo. Observe os grandes empresários (Steve Jobs, Elon Musk), as grandes marcas (Apple, Google, Walmart), as pessoas de sucesso (Walt Disney, Elvis Presley, Thomas Edison). Todos começaram se expondo e se testando com os recursos que possuíam, da maneira que podiam. A despeito das críticas e recusas, continuaram se aprimorando e se preparando.

O erro é inevitável para o crescimento, por isso é preciso abrir mão do ego e enfrentar as próprias fragilidades.

O covarde não sai do lugar. Ele pode até usufruir de uma zona de conforto, mas não realizará nada ou apenas algo muito abaixo de sua capacidade. Ele não se expõe, não se testa. Tem o dom de ser capaz e de ser feliz, mas não o pratica. Desse modo, seus talentos se tornam um fardo para ele, pois será obrigado a carregar esses "pesos mortos" durante toda a sua vida.

Quantos sonhos estão enterrados no cemitério! Quantos morreram sem acessar a própria essência, por achar que não estavam preparados!

Que possamos ser livres do peso de sermos enterrados com nossos sonhos, talentos e vocações não aprimorados!

ESTOU PREPARADO?

Quantos sonhos você já enterrou? Quantos sonhos ainda podem ser desenterrados, explorados e desfrutados?

A vida é curta para ser pequena; então, faça valer a pena!

Prepare-se! Torne-se a cada dia sua melhor versão.

Então, mesmo não estando pronto, está preparado?

O que está esperando para começar?

1 Que áreas de sua vida precisam de planejamento para que você se sinta confiante e preparado para exercê-las com maestria?

2 Escolha uma delas para se focar e decida o que irá fazer hoje para se preparar/ aprimorar diariamente.

CAPÍTULO 2

Comece pelo "o quê"

> O jeito de você imaginar o futuro muda suas ações no presente. Portanto, não é apenas o presente que constrói o futuro. O futuro também constrói o presente.
>
> THOMAS FREY

O "o quê" — uma lição que desaprendemos

Começar pelo "o quê" significa pôr a emoção antes da razão, tentar causar impacto à vida das pessoas antes de pensar em recompensa financeira.

Quando criança, a vida costumava ser linda e repleta de possibilidades. Era fácil passar horas imaginando lindas histórias, capazes de inspirar um livro. Sonhar era rotina, bem como acreditar que os sonhos podiam virar realidade. A esperança e a fé eram incondicionais e brotavam da inocência.

Se você perguntar a uma criança o que ela quer ser quando crescer, perceberá que a resposta geralmente diz respeito ao que ela pretende fazer, às vezes com a ideia de ajudar as pessoas, não por interesse em retribuição financeira.

E você, o que respondia quando lhe perguntavam o que queria ser quando crescesse? A resposta refletia sua identidade? E o que você se tornou agora? Está próximo ou longe daquele propósito que emanava de seu interior?

É comum crianças sonharem que um dia serão jogadores de futebol, artistas, dançarinos, policiais, professores, bombeiros e até mesmo mães. Mas convém destacar que a essência desses sonhos não está necessariamente ligada ao que se pretendia fazer, e sim à capacidade natural e leve de sonhar.

Os adultos que convivem com crianças e tiveram seus sonhos asfixiados chegaram à conclusão de que sonhar não é importante, que sonhos não pagam contas. Logo, se esquecem de que um dia foram crianças e então tratam de matar os sonhos daqueles que nasceram com o dom nato de imaginar, criar, sonhar.

Para as crianças, o mundo da imaginação e das possibilidades não tem limites, por isso é lindo quando exploram esse universo de infinitas possibilidades, que muito se aproxima da essência poderosa que nos compõe.

Acreditamos que os maiores desafios às habilidades do ser humano são propostos na infância, pois ele ainda não está contaminado com o realismo da vida adulta.

O bebê, ao dar seus primeiros passos, cai inúmeras vezes, mas se levanta, cai e se levanta de novo e de novo. É igualmente árduo o treino para pegar alimentos, falar, andar de bicicleta, ler e escrever.

O foco de cada ato desses processos jamais foi o "como" em si, e sim o "o quê", o desfrute que essas experiências iriam proporcionar.

Ocorre que crescemos ouvindo e continuamos a perpetrar frases do tipo: "Você não nasceu para isso"; "Não é para você"; "É só um sonho de criança", proferidas por pais desprovidos da capacidade de fazer que os filhos continuem projetando seu futuro de maneira poderosa, muitas vezes por falta de oportunidade ou realmente por não enxergarem possibilidades.

Como resultado, engessamos sonhos e tolhemos capacidades, às vezes até o direito de sonhar, imaginar e voar de nossos filhos.

Como a criança sonha sem limites, ela vive praticamente em *flow*.

E o que é *flow*? É um poderoso estado mental que nos envolve e nos absorve quando praticamos uma atividade que nos proporciona prazer e grande satisfação. Esse estado gera fluidez e potência na execução e torna essa atividade natural e leve, a ponto de nos levar a perder a noção de tempo e espaço.

Ocorre que, à medida que crescemos e entramos na adolescência, os momentos de *flow* diminuem drasticamente.

Quando nos tornamos adultos, recebemos um choque de realidade, e sonhar como criança passa a ser fantasia de quem vive no mundo da lua.

Para nos encaixarmos no mundo real, arquivamos o sonho no porão da existência e passamos a executar tarefas para obter resultados, mais preocupados com os boletos que com a essência de quem irá pagá-los.

A profissão escolhida é determinada pela quantia que entrará na conta no fim do mês, e assim nos distanciamos de nossa identidade divina.

Nessa fase, não existe mais propósito, não existe mais o "o quê". Ele é substituído pelo "como": "Como farei para pagar as contas? Como faço para ganhar dinheiro?".

Assim, o crescimento é um processo de normalização do ser humano para entrar na fase adulta. É como se a transição para essa fase nos tornasse gestores de previsibilidades, com pouquíssimos momentos de *flow*, mais interessados na zona de conforto que em explorar nosso universo existencial único.

Entretanto, é justamente nesse momento que os sonhos são esquecidos, em face das demandas da idade adulta ou porque concluímos que eram impossíveis e não valeria a pena perder tempo com eles.

De qualquer forma, o resultado é sempre a frustração.

Zona de conforto: lugar que diminui e coisifica a essência do ser humano

Se fomos feitos para viver o extraordinário e somos imbuídos de potência e de partículas divinas em nossa composição, ao nos prendermos no comodismo e na zona de conforto do trivial, ignorando o "o quê", privamo-nos de deixar aflorar o melhor de nosso ser e de entregar o melhor de nós ao mundo.

Além disso, nos dias atuais o grau de importância de alguém é medido pelo seu contracheque, cargo ou função, o que nos leva a coisificar as pessoas, a esquecer sua essência.

A pesquisa State of Global Workplace Report (2022) mostra que 60% das pessoas estão emocionalmente desapegadas e 79% infelizes em seu trabalho. A Gallup (2022) estima que o baixo engajamento implica à economia global um custo de 7,8 trilhões de dólares ou 11% do PIB mundial — um preço alto demais quando monetizado, porém muito baixo quando comparado aos danos emocionais e existenciais causados ao indivíduo, à família e à sociedade.

Na vida profissional, a zona de conforto abriga os zumbis corporativos: médicos que não desejam bom dia ao paciente; advogados que não se importam com os danos causados pelos falsos argumentos de suas defesas; funcionários públicos que se acomodam e não fazem nada além do necessário para agregar valor à sua função; profissionais que burocratizam, procrastinam e delegam para não exercer seu papel; juízes que se recusam a cumprimentar pessoas "comuns", por julgar que sua profissão é a régua para medir o nível existencial de alguém.

Daí a frase: "Você sabe com quem está falando?". A razão é que o ser não importa: o ter é que mede a importância e dita as regras neste mundo organizacional coisificado.

Em suma, a zona de conforto produz a ilusão de proteção e mantém o ser humano na estagnação total.

Então, ele depara com a dificuldade para entrar em *flow*, que, somada à desconexão do adulto com sua identidade, torna sua zona de conforto uma zona da morte emocional.

Na zona de conforto, é difícil sonhar e fácil perder a fé. É o lugar onde os projetos de vida já nascem mortos, desprovidos de essência.

É possível, porém, possível sair da zona de conforto.

Vamos lhe apresentar agora a chave para livrar-se dessa prisão.

Retomando o "o quê"

Se você almeja ser livre para encontrar sentido em passar por este mundo, faça do "o quê" seu desejo ardente. É primordial que desenvolva e carregue uma crença inabalável em seu propósito de vida, a ponto de nada ser capaz de desviá-lo da rota.

No entanto, muitas vezes nos perdemos e nem ao menos sabemos pelo que lutar.

Então, primeiramente, volte a pensar como criança: ponha a emoção à frente. Depois use a razão e formate seu "o quê". E lembre-se: seu "o quê" consiste naquilo que faz seus olhos brilharem e seu coração cantar de alegria.

Com um desejo firme, bem definido, e com foco total e fé inabalável em seu "o quê", sua mente encontrará naturalmente caminhos e soluções, às vezes de forma inesperada, como em um toque de mágica.

Nesse ponto, ideias inovadoras e coerentes brotarão de seu subconsciente, pois começar pelo "o quê" inevitavelmente levará a executar tudo com maior alegria e entusiasmo, com maior *flow*.

Esses são alguns dos resultados de quem define e começa pelo "o quê", sem saber como será "o como".

Henry Ford encomendou aos seus funcionários a construção de um carro que eles mesmos pudessem comprar. Deveria ser um veículo barato e construído no menor tempo possível. Ford não tinha um projeto desenhado, mas estava focado em seu "o quê" e não aceitou nenhuma proposta diferente. O que aconteceu depois disso mudou o rumo da indústria e ajudou muita gente a possuir um automóvel.

Quando o presidente americano John Kennedy anunciou que até o final da década de 1960 o homem pisaria na Lua, muitos duvidaram. O projeto que tornou isso possível só foi concretizado após a determinação do "o quê".

Outro homem que impactou a história foi Martin Luther King, pois ele tinha um sonho — seu "o quê". Sua convicção era tal que levou milhares a seguir esse sonho. Até hoje, seu discurso causa impacto nas pessoas. Seu propósito era tão forte que uma de suas mais famosas frases é: "Quem não tem uma causa pela qual morrer não tem motivo para viver".

Essa é uma assertiva que define muito bem o desejo ardente, a fé inabalável e um "o quê" poderoso, a ponto de ser inegociável.

Por falar em sonhos, Walt Disney foi alguém que não aceitou um não como resposta e criou a Terra da Magia, cujo personagem principal é um camundongo. Parece loucura, mas justamente essa magia sem medida, capaz de transformar o mundo, é que foi tolhida de nós. Walt Disney dizia: "Gosto do impossível, porque lá a concorrência é menor".

Steve Jobs, Elon Musk e tantos outros são exemplos de homens ousados e notáveis, que não desistiram de seu "o quê". Eles começaram pelo seu "o quê" e foram adiante, sem se importar com quão longe estivesse a realização de seus sonhos.

A EMOÇÃO CAMINHA À FRENTE DA RAZÃO.

Conclui-se então que pessoas bem-sucedidas têm a mente da abundância, focada no "o quê", nas possibilidades. O vencedor se alimenta de fé, acredita em seu potencial e sabe aonde vai chegar. Já o perdedor tem a mente da escassez e é focado no "como": primeiro enxerga as dificuldades, faz objeções a tudo e acaba nunca entrando em ação — ou desiste com facilidade.

O foco no "o quê" abre as portas para um universo com infinitas possibilidades, para um mundo de abundância.

A grande questão aqui é: sonhar como criança e agir como adulto.

Sonhar como criança significa não ter limites no sonho, não se preocupar com "o como", apenas sonhar com "o quê".

Pode parecer óbvio, mas como o óbvio tem de ser dito, vale registrar que jamais realizaremos um sonho que não fomos capazes de imaginar.

Se nossos olhos não estiverem fixados no "o quê", a fé se perde na primeira dificuldade.

Assim, se formos capazes de enxergar nosso futuro com clareza, o que acontece no presente não poderá deformar emocionalmente nossa essência, tampouco nos desviar do caminho determinado.

Interprete o "o quê" e terá prazer e satisfação por onde passar

Se seu "o quê" for forte, não importa onde esteja ou em que situação: circunstâncias, opiniões, pessoas e ambientes jamais conseguirão deformar seu propósito.

Podemos usar como exemplo a história de Gael, um garoto que sofreu várias injustiças, mas que ajudaram a moldar sua essência e a concretizar seu "o quê".

Ele era o caçula de sete irmãos e desde pequeno mostrava um talento incomum para os números e para a linguagem de programação de computadores. Por isso, era o preferido de seu pai e despertava a inveja de seus irmãos. A família, muito pobre, vivia em uma pequena cidade venezuelana não muito longe da fronteira com o Brasil. Seu pai depositava a esperança de uma vida melhor no filho mais novo, por isso este só estudava, enquanto seus irmãos trabalhavam para ajudar no sustento da família.

Os filhos mais velhos questionavam os privilégios de Gael, que, alheio à tensão à sua volta, continuava estudando e desenvolvendo aplicativos para celular. Ele também seguia os princípios e valores ensinados pelo pai. Era extremamente ético, honesto e educado no trato com as pessoas. Era conhecido na região também por essas virtudes. Era o modelo de filho que todos os pais queriam ter.

Aos 17 anos, Gael teve um sonho tão real que achou por bem contá-lo à família. No sonho, ele se tornara muito rico por ter desenvolvido um aplicativo inovador para celular, e seus pais e seus irmãos estavam ajoelhados diante dele pedindo ajuda. Toda a família se enfureceu ao ouvir o relato do sonho, e seus irmãos, com ciúmes, passaram a odiá-lo.

A raiva era tanta que eles elaboraram um plano para matar Gael. A ideia era simples: convidá-lo para fazer uma trilha até o rio onde ele e o irmãos costumam tomar banho e se divertir. Chegando lá, dariam um jeito de afogá-lo e fazer parecer que foi um acidente. Mas, chegando ao rio, o irmão mais velho arrependeu-se da ideia e sugeriu que levassem o menino para um local distante dentro da mata fechada. A natureza se encarregaria do resto, e eles não teriam sangue nas mãos.

Desse modo, Gael foi vendado, levado até o lado brasileiro da fronteira e abandonado ali. Os irmãos de Gael pegaram a camisa dele, rasgaram-na e voltaram para casa. Ao chegar, contaram ao pai que uma sucuri havia se enrolado em Gael e o arrastara para o fundo do rio. Na tentativa de salvá-lo, tudo que conseguiram salvar foi um pedaço de sua camisa. O pai ficou desolado, inconsolável. A amargura e o arrependimento também tomaram conta dos irmãos, mas agora o mal já estava feito.

Gael ficou perambulando pela floresta. Ele não fazia a menor ideia de onde estava. Finalmente, encontrou uma fazenda de criação de gado. De início, ele comemorou. Estava salvo, afinal. Conversou com as primeiras pessoas que encontrou e explicou sua situação. Ele foi encaminhado ao capataz da fazenda, que notou de imediato, pela sua conversa, o potencial do rapaz para o trabalho na fazenda. Gael aceitou a proposta e recebeu roupas novas, alimentação e o necessário para higiene, que pagaria com alguns dias de trabalho. Depois poderia ir até a cidade mais próxima, a fim de viajar de volta para sua casa, garantiu o capataz.

No entanto, Gael percebeu tarde demais que fora parar em uma fazenda que mantinha seus trabalhadores em condições análogas à escravidão, obrigados a sempre trabalhar mais para pagar as "benesses" recebidas, pois tudo que a fazenda fornecia era pago e caro. Quem se opusesse era espancado e ficava sem comida. E, como os trabalhadores recebiam quase nada pelo trabalho pesado, não conseguiam quitar suas dívidas nem podiam ir embora.

Apesar de ter sido enganado, Gael cumpria da melhor maneira possível as tarefas que lhe eram designadas. Fiel aos princípios e valores ensinados por seu pai, dava duro no trabalho e nunca reclamava. Ao deitar, lembrava-se de seu sonho e de como lhe parecera real. Todas as noites, ele vivia aquele sonho.

Certo dia, conversando com Gael sobre a quantidade de cabeças de gado em cada curral e os gastos com ração e remédios, o capataz percebeu que ele era muito bom com números. Então, levou-o para conhecer a sede administrativa da fazenda e ali explicou com mais detalhes as operações da fazenda. Gael fez várias sugestões sobre como aproveitar melhor os recursos disponíveis. Assim, conquistou a confiança do capataz e foi posto como auxiliar na administração.

Em seu novo ambiente de trabalho, Gael conheceu o proprietário da fazenda, que ficou admirado com sua inteligência, principalmente depois de lhe demonstrar que, se continuasse a administrar a fazenda daquela forma, amargaria enormes prejuízos dentro de alguns anos e teria de vendê-la para pagar as dívidas. A saída seria abolir aquele sistema de semiescravidão. A fazenda produziria mais com trabalhadores livres. O proprietário, encantado com a capacidade do rapaz, não só concordou, como também o tornou administrador geral da fazenda, o segundo no comando depois dele.

Gael acabou com as condições de quase escravidão dos trabalhadores e ordenou o pagamento justo a cada um. E, como havia previsto, a fazenda prosperou. Anos depois, a Venezuela mergulhou em uma grave crise econômica. A fome e a miséria se espalharam pelo país, de modo que a família de Gael decidiu ir para o Brasil em busca de trabalho. Eles souberam que uma rica fazenda perto da fronteira estava contratando pessoas para trabalhar com gado, inclusive venezuelanos, e se dirigiram para lá.

Ao chegar à fazenda, os irmãos de Gael juntaram-se a vários outros. Havia brasileiros, venezuelanos, colombianos, peruanos, entre cidadãos de países fronteiriços ao norte do Brasil. Do alto de seu escritório, Gael observava a movimentação no pátio da administração, onde as pessoas faziam fila para se cadastrar às vagas de emprego. Quando viu sua família entre os candidatos, o sangue lhe subiu à cabeça. Furioso, acabou jogando seu *notebook* no chão. Segundos depois, a secretária entrou esbaforida na sala perguntando se tudo estava bem. Ela lhe ofereceu um copo d'água, e ele foi se acalmando, enquanto pensava no que fazer. Finalmente, ordenou aos recrutadores que isolassem um grupo de venezuelanos em uma sala e retivessem seus documentos.

A família de Gael estava com medo, pois ouvira falar que eram comuns os abusos contra estrangeiros em fazendas brasileiras naquela região. Eles não o reconheceram quando ele entrou na sala. Gael agora cultivava uma barba espessa, ganhara massa muscular, estava bem vestido e falava português sem sotaque: em nada lembrava o rapaz franzino abandonado para morrer na floresta. Seus irmãos e seus pais então se ajoelharam e lhe pediram ajuda, exatamente como no sonho. O pai tomou a palavra e declarou que, além da situação de miséria que viviam em seu país de origem, ele ainda sofria com a morte do filho caçula, que não lhe saía da memória. Gael não resistiu e começou a chorar. Quando se recompôs, revelou quem era. O pai quase desmaiou. Agora todos choravam.

Gael havia aprendido com seu pai um princípio muito importante: o do perdão. Ele aprendeu que o perdão liberta quem perdoa. O perdão nem sempre faz diferença para quem é perdoado, mas quem perdoa experimenta uma liberdade e uma paz que excede o entendimento. Por isso, Gael apressou-se em perdoar os irmãos. O mal que lhe haviam causado reverteu-se em bem porque ele se manteve fiel aos princípios que aprendera, porque entendeu que os princípios são eternos, ao passo que as regras são temporárias e mutáveis.

Gael não se deixou limitar em nenhum momento pelas circunstâncias nem pelas dificuldades que enfrentou. Manteve-se firme em seus princípios e em seu "o quê", pois sabia que faria algo importante, pelo qual seria reconhecido. Sua convicção era forte porque ele tinha certeza de sua identidade: antes de fazer, sabia quem era. O fazer era consequência do ser. Já entendia essa verdade quando foi abandonado na floresta pelos irmãos, por isso conseguiu perdoá-los. O sonho de Gael, a imagem de sua família lhe pedindo ajuda, tornou-se realidade. E ele os ajudou, porque transbordava amor e acolhimento em vez de ódio. Por mais que tenha sentido raiva no primeiro momento, não era ódio o que trazia no coração. O perdão lhe trouxe paz, e o amor contagiou toda a sua família.

Não importa se passou despercebido por você ou não, mas Gael é o nome que usamos para contar a história verídica de um personagem muito conhecido que você descobrirá até o final da leitura. Claro que fizemos adaptações para inserir a narrativa em um contexto atual, a fim de que você entenda que o princípio foi o mesmo ontem, é o mesmo hoje e será o mesmo amanhã. E, quando você vive princípios, Deus cumpre promessas.

A história de Gael mostra que o foco em sua essência e em seu propósito o destacou entre os demais. Quando entrarmos em ação com foco no "o quê", a ação é assertiva. Conectamo-nos com pessoas, e o universo passa a conspirar a nosso favor.

Esse fato pode ser facilmente explicado pela física quântica, pois os pensamentos se materializam e geram ondas físicas, semelhantes àquelas formadas por uma pedra lançada no rio. Essas ondas emitem frequências que atraem semelhantes para si.

> **Portanto, quando vibramos em alta frequência de desejo, fé e crença no "o quê", o "como" é atraído, ainda que leve algum tempo.**

É evidente que Gael agia baseado em seu "o quê", sem se preocupar com "o como". Ele vibrava em alta frequência, o que lhe permitia ir cada vez mais longe.

Esta era a vibração de Gael: a cada revés que sofria, seus olhos não se desviavam de seu "o quê" nem de sua essência. Assim, até o que deu errado acabou ajudando a dar certo, e a cada adversidade vários favores conspiravam para seu sucesso. O mesmo ocorre com quem vibra na sintonia coerente com quem se é e com o que se busca.

Outra questão evidente na narrativa, e que merece destaque, é justamente entender o "o quê", pois ninguém começa no topo: é preciso respeitar os processos.

Quando entendemos o "o quê", presente em qualquer atividade, por mais simples que ela seja, a jornada ganha maior sentido e passamos a fazer a diferença e a influenciar os que estão à nossa volta.

Um exemplo é o ato corriqueiro de lavar louça, geralmente considerado uma tarefa insignificante. Todavia, ao pensar no "o quê", a tarefa passa a ser mais prazerosa, pois encontramos algum sentido, como manter a organização e a limpeza, dar exemplo aos filhos, contribuir com os afazeres domésticos e desonerar alguém de uma tarefa, ser útil, retribuir, demonstrar amor ou parceria, e assim por diante.

Da mesma forma, o vendedor que entende o "o quê" de seu produto alavancará suas vendas ao anunciá-lo. Aliás, a indústria do *marketing* usa o "o quê" muito bem ao entender que as mulheres não compram batom, mas beleza; que as pessoas não compram viagens, mas experiências e felicidade.

Diante do exposto, convidamos você a vibrar em alta frequência, sem deformar sua essência, de olho em seu propósito. Sugerimos que traga para o consciente o "o quê" de cada atividade que você desenvolve hoje em todas as áreas da vida. Depois disso, algumas coisas podem acontecer: encontrar maior prazer em realizar, deixar de fazer "corpo mole" para muita coisa, desejar contribuir mais e mais com o outro e agregar valor e assim chegar a um nível mais elevado, ou perceber que nunca deveria ter começado aquela atividade, pois o "o quê" que motivou a ação não faz sentido para você.

O "o quê" é o destino, e o acesso ao destino é o "como"

Não dá para chegar ao "o quê" sem se sujeitar ao processo do "como". Esse é o caminho que dá acesso ao propósito.

Se no trajeto seu "o quê" não se sustenta, é porque não é forte o bastante.

Todavia, o foco deve ser sempre o "o quê" (visão estratégica). O "como" (visão operacional) irá se encarregar de surgir com um "o quê" forte, mas não há como chegar ao "o quê" sem enfrentar os desafios do "como" (explicaremos melhor mais adiante).

Se focarmos o "como" antes do "o quê", muitas dificuldades irão surgir e teremos a sensação de que elas são intransponíveis, que o preço a ser pago é alto demais, comparado com o aconchego de nossa zona de conforto.

Com o foco totalmente direcionado para o "o quê", as dificuldades que porventura surgirem durante o "como" serão superadas.

Mais uma vez, ressaltamos: os desafios são inerentes a qualquer jornada, e não há como negociar isso.

É o processo do "como" que nos molda para chegarmos ao "o quê" com a estatura que essa fase exigirá.

Diríamos que o "como", o processo com seus desafios, é a fase a ser vencida antes de chegar ao nível seguinte, como em um *videogame*, no qual você se torna *expert* em fase para poder chegar à fase seguinte — que apresenta maiores dificuldades.

Os criadores de jogos entendem essa dinâmica, por isso não colocam a fase que zera o jogo logo no início, porque os jogadores iniciantes certamente desistiriam diante de tamanho desafio. Assim, o jogo começa em um ritmo que confere ao jogador habilidade para chegar à fase seguinte, agora com maior aptidão e potencial. Portanto, zerar o jogo depois de vencer todas as etapas exige treinamento, resistência, persistência e os olhos focados no "o quê".

Você precisa entender a importância de respeitar o processo. Muitos desistem no meio do caminho quando se veem obrigados a jogar a mesma fase várias vezes para adquirir habilidade. Essa é a diferença entre o vencedor e o fracassado.

O vencedor encara vários fracassos pelo seu "o quê" grandioso. Ele suporta vários fracassos, privações e desafios e, quanto mais cresce, mais desafios suporta, com fé no coração e com os olhos voltados para seu "o quê". O "o quê" é seu prêmio, por isso o preço a pagar — o "como" — lhe parece insignificante.

Assim, entender o propósito, faz que o vencedor jogue as fases tantas vezes forem necessárias, até ficar bom o suficiente para o próximo nível e para se sustentar lá.

Já o perdedor tem poucos fracassos, porque a cada hora muda seu foco. Sua cabeça é dispersa, tenta tudo e não dá sequência a nada. Ele não suporta as derrotas inerentes às fases do jogo para o aprimoramento exigido pela fase seguinte.

Alguns não experimentam "nenhum fracasso" porque chegaram a um nível "morno", no qual basta ficarem estagnados em seu comodismo, sem agregar valor ao outro e sem saber o que fazer nessa viagem chamada vida. Eles não têm motivo para viver nem para morrer.

Muitas empresas de grande porte vão à falência por esse motivo. Os fundadores passam por todas as etapas do jogo, tornam-se aptos para os níveis mais altos e depois entregam o controle aos herdeiros ou a sucessores inexperientes, que nunca foram além das fases fáceis, e acabam quebrando empresas com anos de tradição.

Um erro comum de muitos pais e educadores é privar os filhos de lidar com desafios, de cobrar e exigir responsabilidades. Essa educação permissiva gera adultos fracos, sem resiliência, seres humanos despreparados que não sabem lidar com as frustrações.

Portanto, não se poupe nem poupe seus filhos ou aqueles que você ama de pagar o preço do processo, como tratamos no capítulo anterior. Prepare-se e prepare-os, para que focados no "o quê" se sujeitem e cresçam no "como".

O "o quê" é responsabilidade sua

Definir o "o quê" é responsabilidade sua e não depende dos recursos que você não tem, mas será construído com o que você já tem. Não pode depender das ações de outras pessoas nem das expectativas depositadas nas ações de outras pessoas.

O "o quê" não deve ter seu foco no objeto

Você pode estar se perguntando: "Qual o problema se o 'o quê' da minha vida for comprar um carro ou um apartamento?".

O problema é que esse "o quê" não traz a essência que existe no "o quê" verdadeiro.

Não estamos dizendo que não se pode almejar riqueza ou bens materiais. Longe disso. Mas focar o "o quê" em um objeto nos parece raso demais.

Aqueles grandes criadores que citamos — Henry Ford, Walt Disney, Thomas Edison e outros — não estavam focados no objeto em si, mas no propósito, no que esse objeto representaria. O "o quê" desses homens era fazer a diferença no mundo, mudar vidas, agregar valor.

O "o quê" de Henry Ford não era o veículo, mas permitir que esse bem que reduzia distâncias e economizava tempo fosse acessível ao bolso de pessoas menos favorecidas financeiramente.

Walt Disney queria distribuir entretenimento, diversão, alegria. Seu foco não estava em um parque. Seu "o quê" sempre foi maior que o objeto.

Thomas Edison não buscava a lâmpada em si. Ele queria o poder da iluminação, do brilho, da luz.

Esses homens viviam de propósitos, e seu espírito grandioso jamais se contentaria em viver por propostas.

O foco desses notáveis jamais foi a coisa, um objeto. Isso os estagnaria. Sua notoriedade residia na grandiosidade de seu "o quê", o mesmo que, conscientemente ou não, cada um de nós carrega.

Assim, a riqueza, o reconhecimento, os bens materiais são consequência de uma vida com sentido, baseada no grandioso "o quê", vivido com um desejo ardente e com fé inabalável.

A importância da clareza do grandioso "o quê"

O grandioso "o quê" não está à venda nem é possível comprá-lo. Quando acessado, ele muda e dá sentido à nossa existência.

Esse "o quê" grandioso faz palpitar o coração, nos leva a acordar cedo com alta vitalidade e gera entusiasmo e alegria.

Antes, porém, de explicarmos esse "o quê" grandioso, temos uma importante mensagem: você é único!

Você é o agente do "o quê", e para acessá-lo deve estar primeiramente conectado com você mesmo e com sua essência.

COMECE PELO "O QUÊ"

Os cientistas concluíram que as chances de existirmos é praticamente zero: somos o resultado de um em 400 trilhões.

Essa estatística levou em consideração vários fatores, como a probabilidade de seus antepassados terem encontrado exatamente aquele parceiro que compõe sua árvore genealógica, as pandemias e guerras a que sobreviveram, a exígua probabilidade de seus pais se conhecerem e de sua mãe ovular no momento exato da concepção para então nascer exatamente você!

Isso é tão improvável quanto extraordinário.

Com base nesses fatores, os cientistas concluíram que cada um de nós, sendo exatamente quem é, dentro dessa probabilidade lógica compõe um verdadeiro milagre, com quase zero de chance de sermos quem somos.

Diante disso, reforcemos nosso potencial divino. Não dá para viver no ordinário. Não é admissível que nos arrastemos como zumbis em uma vida sem sentido, sem um "o quê" grandioso. Viemos ao mundo para fazer a diferença.

Estudos dizem que sempre existimos, pois parte de nós era um óvulo, uma semente que já existia em nossa mãe (haja vista que a mulher já nasce com todos os óvulos prontos, ou seja, sua mãe já nasceu com parte de você), que existia em sua avó materna, que existia em sua bisavó, e por aí vai.

Várias passagens da Bíblia deixam claro que, antes de nascermos, o "o quê" de nossa vida já estava no coração de Deus.

Assim, não importa onde buscar amparo, na ciência ou na Bíblia: é inegável o poder que carregamos em nossa essência única.

Em cada um de nós, há um "o quê" aguardando para nos levar ao nosso futuro merecido (não o desejado), que não raro excede o que pedimos e imaginamos.

Ficou famosa uma história envolvendo Bill Gates, em um programa exibido no canal britânico ITV. Ao ser questionado sobre o segredo de seu sucesso, ele entregou um cheque em branco à jornalista e pediu que ela o preenchesse com o valor que quisesse. Ela retrucou:

— Senhor Bill Gates, não estou falando disso. Perguntei qual o segredo do seu sucesso.

— O segredo do meu sucesso — disse ele — é não perder nenhuma oportunidade. Se você olhasse toda proposta como uma oportunidade, teria se tornado a jornalista mais rica do mundo. O segredo do meu sucesso é enxergar oportunidades em tudo, e você viu tudo, menos uma oportunidade.

Dizem que essa história não é verídica, mas, independentemente de sua veracidade, iremos utilizá-la a fim de chamar a atenção para alguns pontos.

Às vezes, recebemos um chamado, mas não nos damos conta, por não acreditar que somos capazes.

O futuro desejado seria a jornalista perguntando sobre o segredo do sucesso de Bill Gates. O "o quê" dela estava em saber sobre o sucesso do entrevistado, em desvendar seus segredos, ou seja, estava voltado para a ação do outro, não para a dela mesma.

No entanto, o futuro merecido que a esperava era ela se tornar milionária, talvez bilionária, dependendo da audácia no preenchimento do cheque. Mas para isso ela precisava ter clareza de seu propósito, para então entender a oportunidade.

Nesse contexto, a jornalista não acessou um "o quê" diferente do mundo de limitações, ao qual estava presa.

Devemos estar preparados para ousar, agregar valor, fazer a diferença, buscar nosso "o quê" acessando nosso futuro merecido.

Muitas vezes, a vida nos dá um cheque em branco, todavia desconhecemos ou não temos o foco naquilo que buscamos, não sabemos sobre nossa identidade, nem acessamos nosso poder e merecimento para aceitá-lo. Então, ficamos estagnados em nossa zona de conforto e não ousamos um "o quê" digno de quem somos: únicos, raros, poderosos.

Assim, recebemos esses cheques da vida, mas não ousamos preenchê-los, pois não nos achamos dignos de possuí-los. Ou então os preenchemos com uma quantia irrisória, insignificante, proporcional ao valor que damos a nós mesmos: pouco, quase nada e muito menos do que merecemos quando acessado o poder de nossa essência.

Portanto, se acesse e tenha um olhar ativo, voltado para seu propósito grandioso, e assim as oportunidades serão setas apontando para esse lugar, que muitas vezes vai além de tudo que sempre sonhamos.

Contudo, estar nesse lugar não significa ausência de desafios e provações. Lembre-se: as fases avançadas dos jogos são as mais desafiadoras, mas até lá, se respeitarmos o processo ("como"), estaremos capacitados a vencê-las. Portanto, repise-se, com o olhar no "o quê", naquilo que o põe em *flow*, e o preço, por mais árduo, parecerá insignificante.

Cabe aqui a lição de Paulo Sérgio Fernandes em seu livro *Vocação 360º*:

Uma vez que seu propósito existencial é revelado, descobertas como o que estudar, que curso fazer, o que comprar, como gastar, para onde ir e com quem se relacionar serão coisas fáceis para se pensar e escolher. Não caberá mais qualquer confusão. Tudo isso lhe capacitará para diligência, eficácia e excelência na execução de tarefas relacionadas ao seu propósito[1].

Desse modo, ao desvendar nosso "o quê", descobriremos muito mais que saber o que e como fazer. Acima de tudo, entenderemos aspectos ligados à nossa existência e o prazer que existe quando acessamos aquilo que fomos criados para ser.

Apresentamos aqui a história do ser humano notável e brilhantemente divino, Jesus Cristo.

Ele tinha seu "o quê" definido, grandioso, firme e inegociável.

Ele poderia aparecer no mundo já adulto, mas quis nos mostrar a importância de respeitar processos ("como"), por isso foi gerado e passou todas as fases da vida para se tornar homem.

O mais impressionante é que Jesus trabalhou com o pai, como marceneiro, até os 30 anos de idade, e cabem aqui algumas perguntas para uma reflexão extremamente poderosa.

Quais materiais um marceneiro utiliza em seu ofício? Certamente a resposta será: madeira e pregos.

E que materiais representam a morte de Jesus? Não há dúvida de que a resposta será a mesma: a cruz foi feita de madeira e pregos.

Imagine a aflição de trabalhar todos os dias, com os mesmos materiais que representariam a morte dele, ciente de que perfurariam sua carne e elevariam seu corpo no Calvário, no ápice de sua dor torturante.

Jesus, porém, não sofria nesse processo, pois seus olhos não estavam voltados para o preço que iria pagar nem para o "como". Acima de tudo,

---

[1] **Vocação 360º** (Brasília: Chara, 2020), p. 155.

seu coração e seu espírito tinham o "o quê" bem definido, por isso o preço se tornava irrisório quando ele pensava em seu propósito, em sua missão.

Ele foi crucificado no auge da sua vida, para mostrar que uma vida com propósito e com sentido pode nos levar a outra vida.

Sobre essa questão, convidamos você a fazer um exercício um pouco desconfortável.

Imagine que você morreu e está em seu velório. Pense no que as pessoas à volta de seu corpo estão falando de você. Imagine também que o encarregado da cerimônia chama as cinco pessoas mais importantes de sua vida para escrever em sua lápide. O que escreveriam: algo que lhe agrada ou algo que lhe dói? Se a morte o visitasse hoje, você poderia dizer que sua vida teve sentido?

Esse exercício pode nos deixar em choque, mas a boa notícia é: você está vivíssimo e ainda há tempo para descobrir e escrever o legado mais poderoso que possa imaginar. Você ainda tem tempo para viver a vida que merece.

Agora cabe-nos dar a você o mapa que irá ajudá-lo a descobrir seu "o quê".

Como descobrir seu "o quê" grandioso

Relacionamos aqui alguns passos para chegar a um "o quê" grandioso.

Sugerimos que você não se limite a obter conhecimento, mas faça um mergulho em você mesmo.

Pegue um papel e uma caneta ou use um aplicativo de notas para registrar as respostas para cada passo. Essas anotações irão proporcionar um precioso norte para o que está gritando em seu coração e dará sentido à sua vida.

Vamos lá!

Seguem então os passos que podem dar sentido à sua existência.

> *Primeiro passo*

Aquele que criou você tem o manual que compôs o resultado da probabilidade de um em 400 trilhões. Então, que tal perguntar ao fabricante?

Para ter clareza e certeza do seu "o quê", convidamos você a se conectar diariamente com o fabricante, com sua matéria-prima e com o transcendental e orar pedindo discernimento e sabedoria para encontrar seu grandioso propósito.

COMECE PELO "O QUÊ"

> *Nesse passo, pedimos apenas que você registre a tarefa e se sujeite a ela diariamente.*

Segundo passo

Seu "o quê" grandioso pode estar ligado ao propósito daquilo que você sonhava fazer quando criança.

Se você pensava em ser médico, por exemplo, seu "o quê" não está necessariamente relacionado com a profissão de médico em si, mas pode estar ligado a ajudar vidas, a salvar e atenuar a dor e o sofrimento das pessoas e proporcionar bem-estar.

> *Anote seus sonhos de criança. O que você respondia quando as pessoas perguntavam o que você queria ser quando crescesse? Anote e faça uma lista de seus sonhos.*

Terceiro passo

Seu "o quê" grandioso pode estar ligado ao que você ama fazer e se destaca fazendo, uma habilidade nata, que o coloca em uma alta frequência.

Por exemplo, se você faz a decoração de uma festa e todos o elogiam, isso é terapêutico para você e lhe dá prazer. Seu propósito pode estar ligado a levar alegria, carinho, amor e felicidade às pessoas, a inovar nessa atividade, a agregar valor, a ajudar na igreja ou em eventos beneficentes, a ensinar outras pessoas.

Outro exemplo: se você gosta de receber pessoas em casa, ser um bom anfitrião é sua característica mais forte. Seu propósito pode estar ligado a relacionamentos, a ensinar esse dom, a receber e acolher pessoas, a transmitir um contato caloroso, a fazer o outro se sentir acolhido e amado.

> *Se eu ligasse agora para seu melhor amigo e perguntasse sobre suas habilidades e o que destaca você, o que ele me diria?*

Quarto passo

Uma história que você venceu e se tornou um grande aprendizado pode ajudar outras pessoas na mesma situação.

Se você já superou uma crise no casamento, uma crise financeira, a cura de um vício (drogas, cigarro, bebida), um abandono, uma doença grave, essa vitória pode dar força, coragem, esperança e fé a muitas pessoas.

Quando vencemos uma fase, adquirimos habilidade e nos tornamos aptos a ensinar sobre o "como", para ajudar alguém na mesma situação.

Essa consciência, imbuída de ação, é capaz de agregar valor e transformar muitas vidas.

> *Qual foi sua maior vitória? Qual a crise existencial mais grave superada por você? Como você ajudaria outras pessoas na mesma situação?*

Quinto passo

Seu "o quê" deve ser grande o suficiente para tirá-lo da cama todos os dias, movê-lo, impulsioná-lo e lhe trazer entusiasmo pela vida.

O "o quê" forte é um combustível vital, que dá energia, brilho e coragem, libera hormônios poderosos na corrente sanguínea, faz a vida valer a pena e constrói legados.

> *Responda: O que faria você acordar todos os dias com um brilho nos olhos e força no coração? O que faria você lutar e fazer qualquer coisa para conquistar o que deseja? O que faria você dizer: "Por esse motivo, a vida valeu a pena"; ou: "Se eu morresse hoje, a vida teria valido a pena"?*

Sexto passo

O "o quê" grandioso está ligado a um propósito, jamais a propostas. Ele consiste em agregar valor, causar impacto nas pessoas e inspirá-las.

Não se trata da atividade em si, mas das consequências dessa atividade, do que ela representa e de seu impacto no outro e para o outro.

Seu "o quê", para ter sentido de propósito e ser grandioso, precisa ser pelo outro e para o outro: não pode jamais terminar em você.

Assim, preparado com a clareza do "o quê" grandioso, você receberá um passaporte com destino ao seu futuro merecido, a viver seus melhores dias na terra e a encontrar sentido em sua jornada.

> *Diante das assertivas acima, qual seria o grandioso propósito de seu "o quê"? Visualize e escreva sobre esse projeto e os impactos positivos que exercerá em sua vida e na vida dos outros.*

Assim, imbuído de um forte propósito, alinhe a frequência de seu coração com o transcendental, ore todos os dias para que Deus o leve ao seu "o quê" grandioso, exatamente aquele que reside no coração desde antes de você nascer.

ISSO TRARÁ CLAREZA E POTÊNCIA NO PERCURSO.

Assim, quando a vida lhe mandar um cheque em branco, você saberá preenchê-lo corretamente.

E lembre-se: Deus está logo ali, no seu futuro, com seu "o quê" no coração, apenas esperando você trilhar o caminho do "como" e chegar lá.

Boa viagem!

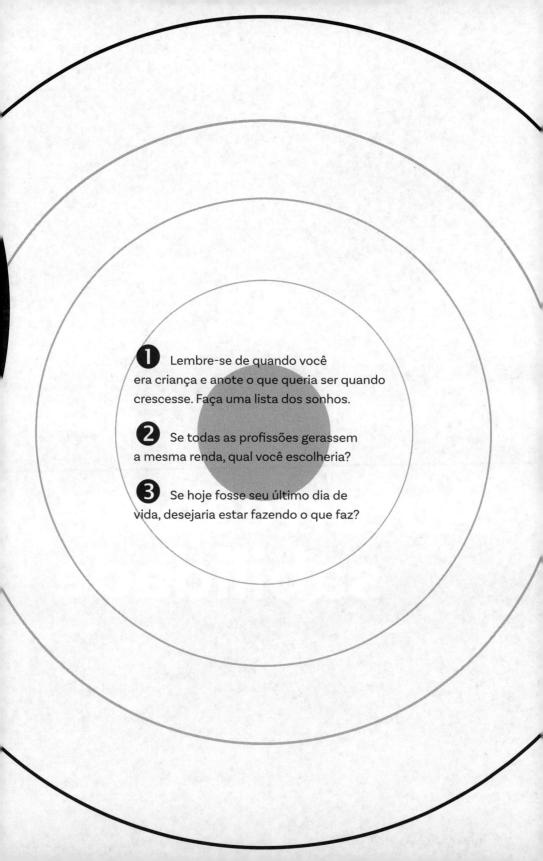

❶ Lembre-se de quando você era criança e anote o que queria ser quando crescesse. Faça uma lista dos sonhos.

❷ Se todas as profissões gerassem a mesma renda, qual você escolheria?

❸ Se hoje fosse seu último dia de vida, desejaria estar fazendo o que faz?

CAPÍTULO 3

Autorrespon-
sabilidade

> Qual a sua responsabilidade na
> desordem da qual você se queixa?
> SIGMUND FREUD

Autorresponsabilidade —
uma ação que negligenciamos

Tudo que acontece em nossa vida é fruto de uma ação ou omissão de nossa parte.

Aceitamos aquilo que toleramos e permitimos, logo somos inteiramente responsáveis pelas nossas ações e omissões.

Costumamos reclamar do que nos acontece, das circunstâncias, mas esquecemos de nos questionar acerca dos resultados de nossa vida, que poderiam ser diferentes se tivéssemos outra postura.

Garantimos que a resposta a essa questão poderiam ser todos os resultados ou quase todos. Isso porque o conceito de autorresponsabilidade está associado à capacidade de nos responsabilizarmos por tudo de positivo ou de negativo que acontece em nossa vida, direta ou indiretamente.

Obviamente, estamos sujeitos a acidentes, atrocidades, tragédias e imprevistos, por isso não se trata de se culpar sobre esses acontecimentos, mas de decidir, acima de tudo, como se comportar com relação aos resultados.

É certo que não controlamos tudo que nos acontece, mas temos o controle do que pensamos e fazemos com o que nos acontece, e é exatamente essa consciência que pode transformar nossa vida.

Assim, podemos dizer que ser autorresponsável é entender que os resultados obtidos são consequências das escolhas que fazemos, aliado à nossa capacidade racional e emocional de nos comprometermos direta ou indiretamente com grande parte dos acontecimentos à nossa volta.

Isso pode ser atribuído tanto às coisas simples quanto às mais complexas.

Diante de tais definições, chega a nos surpreender quanto o significado é simples e, de certa forma, óbvio.

Portanto, a pergunta que intriga é: por que sua aplicabilidade não é frequente? Por que as pessoas se esquivam de assumir a responsabilidade?

Ocorre que desde a infância somos punidos quando erramos, não direcionados ou ensinados a aprender com os erros.

Nossos pais aprenderam a destacar nossos erros e comportamentos negativos, até porque eles também aprenderam assim. E nós, quando adultos, fazemos o mesmo com nossos filhos.

Nossos acertos geram nada ou muito pouca aprovação; já os erros merecem holofotes e visibilidade.

Nós, típicos seres humanos, buscamos desde pequenos ser aceitos, amados e protegidos. Toda criança anseia por proteção, aceitação e amor. Por isso, muitas vezes ela busca chamar a atenção com atitudes que até nos parecem bobas. Muitos crescem também com essa necessidade, porém não tão evidente.

Convém destacar que a leitura a ser feita nos pequenos é enxergá-los com a idade deles, não com a nossa.

Devemos trocar as lentes para ter uma visão mais nítida.

Muitos pais corrigem a postura dos filhos, incomodam-se por se sujarem, por sentarem no chão, por derrubarem um suco ou por quebrarem um copo.

Se o adulto quebrar um copo, está tudo bem, mas a criança será severamente repreendida.

Tratamos a criança com muito mais rigor do que merecem, com a mentalidade de um adulto que já passou por todas as fases.

Os pequenos chegam a um mundo que para eles é novo, estranho e desconhecido, que lhes exigirá o desenvolvimento de habilidades. Imagine quanto de energia você gastaria para se adaptar a um país com idioma e costumes diferentes!

Pense também que, ao chegar nesse mundo estranho, as pessoas o olhassem de cara feia e de modo agressivo e o repreendessem por não saber usar os utensílios deles ou agir como eles agem.

Sem dúvida, esses comportamentos gerariam estresse, pressão, desmotivação, sentimento de reprovação e de rejeição. Sua passagem seria caótica e desconfortável e você gostaria de fugir dali.

AUTORRESPONSABILIDADE

No entanto, é assim que agimos com as crianças. Trazer esses fatos à consciência molda-nos como líderes e educadores assertivos, garante que a criança se desenvolva e treine suas habilidades sem a intenção de fuga e, acima de tudo, desfrute sua passagem pelo túnel da infância, que é breve e superficial.

Não obstante, é válido registrar que as ações do ser humano são movidas pela busca de prazer ou para evitar a dor.

Assim, como defesa, vamos aprendendo que assumir responsabilidade gera dor, por medo da não aceitação, de não nos sentirmos amados ou de sermos reprovados.

Para fugir da dor, omitimos, justificamos e jogamos a culpa sobre os outros. Assim, desde pequenos treinamos para não assumir nossas falhas nem nossas responsabilidades, que geram reprimendas, holofotes e mesmo severos ataques à nossa autoestima.

Desse modo, vamos replicando comportamentos e crescemos aprendendo a justificar, a mentir, a culpar o outro.

É válido também citar que os adestradores sabem que até o treino de animais é muito mais efetivo com recompensas que com punição.

Portanto, devemos incentivar as crianças a resolver os desafios inerentes ao seu mundo, a assumir responsabilidades compatíveis com sua idade, e aceitá-las como seres falhos e em desenvolvimento.

Devemos permitir que as crianças vivam suas frustrações, birras e artes, para então de forma leve orientá-las e treiná-las para o mundo adulto, em vez de calá-las, obrigá-las a engolir o choro e a ficar quietas. Caso contrário, crescerão sem habilidades emocionais e, quando adultas e jogadas na "selva", serão obrigadas a desenvolver seu instinto de sobrevivência sem nenhum treinamento.

Desse modo, como educadores e líderes, devemos aprender a praticar a arte de reconhecer e admirar a grandeza que reside na autorresponsabilidade.

Não estamos dizendo que devemos amar os erros e aplaudi-los. De modo algum! Mas precisamos, com base em princípios e valores, tentar fazer o que é certo. Essa deve ser nossa bússola.

Acima de tudo, precisamos entender que como humanos somos falhos e iremos errar. Depois que entendermos isso, iremos desenvolver compaixão por nós mesmos e pelos outros.

Também é necessário ser rápido em corrigir o erro, em assumir o erro e retomar a rota com poder, aquele poder que reside em nossa capacidade de nos posicionarmos e de decidir.

Podemos citar como exemplo a típica reclamação de chegar atrasado por causa do trânsito.

Sem dúvida, isso já aconteceu com você. Então, perguntamos: o que você poderia ter feito para evitar isso?

Você pode apresentar várias justificativas: "Eu estava de carona"; "A rua estava em obras"; "Teve *blitz*"; e por aí vai.

Mais uma vez, perguntamos: o que você poderia ter feito para evitar isso?

Alguns responderiam: "Nada".

Vamos instigá-lo a encontrar uma solução que compete unicamente a você.

Daria para você se programar e sair mais cedo? Ou, se estava de carona, poderia ter tomado um táxi?

Indagações desse tipo servem para tudo que lhe aconteça, até para o caso de alguém esbarrar em seu suco.

A pergunta sempre será: "O que eu poderia ter feito para evitar ou mudar essa situação?".

Com isso, puxamos para nós o controle de nossa vida. Deixamos de ser coadjuvantes ou vítimas para assumir o papel de protagonistas, de autores de nossa história.

Quando nos questionamos sobre algum resultado de nossa vida e atribuímos a outros a responsabilidade, por julgarmos que não tivemos culpa ou que não pudemos fazer nada com relação ao acontecido, é porque nos posicionamos como vítimas. Essa atitude nos tira possibilidades, nos enfraquece e nos torna apáticos perante a vida, às vezes até amargos. É o que veremos a seguir.

Os frutos da falta de autorresponsabilidade

Vale registrar que a falta de autorresponsabilidade é uma árvore da qual brotam frutos de quatro espécies: justificativa, transferência de culpa, julgamento e vitimismo.

O artifício da transferência de culpa normalmente está acompanhado de justificativas, julgamentos e vitimismo. São frutos da mesma árvore, como já dissemos.

Assim, quando dizemos: "Cheguei atrasado porque o motorista era lento", não cogitamos reconhecer que, se tivéssemos saído mais cedo, o atraso poderia ter sido evitado. Em vez disso, para fugir da autorresponsabilidade, atribuímos a culpa a outrem. Isso implica que também estamos julgando, nos justificando e nos colocando no papel de vítima.

Um empresário que foi à falência pode alegar que foi o mercado, que alguém deu o calote, e então se segue uma narrativa de justificativas, julgamentos e repasse de responsabilidades a terceiros, enquanto ele permanece no papel de sujeito passivo.

Quando agimos dessa forma, que benefícios conquistamos? Nenhum!

Quem prefere apontar o dedo, transferir a responsabilidade, justificar-se e se fazer de vítima não irá pensar em uma saída nem refletir sobre o que poderia ter feito para evitar o problema.

Essas posturas nos engessam e matam o que de melhor poderíamos ser ou fazer. A falta de autorresponsabilidade caminha na contramão do crescimento.

A frase de Abraham Lincoln encaixa-se perfeitamente nesse contexto: "Ser feliz não é ter uma vida perfeita, mas deixar de ser vítima dos problemas e se tornar autor da própria história".

Diante de nosso poder de decisão, temos total responsabilidade pela desordem e pelo emaranhado de problemas de que nos queixamos.

Para melhor contextualizar, vamos contar uma história verídica, cujos personagens serão revelados ao longo do livro.

Um pequeno alvoroço se formou no corredor de um luxuoso *shopping*. Um casal estava sendo expulso de uma loja muito bem conceituada, que vendia aparelhos celulares de última geração e das melhores marcas.

O homem escoltado pelos seguranças começou a protestar:

— Vocês não podem me expulsar desta loja nem me prender! Foi ela quem colocou no meu bolso! Podem puxar a filmagem; ela pegou primeiro! Foi dela a ideia de levar sem pagar. Vocês não sabem com quem estão falando!

Parecia um simples caso de furto, até que entrou em cena um senhor de semblante calmo, muito bem vestido. Suas palavras ecoaram pelo ambiente:

— Joseph, sempre lhe dei tudo. Você herdaria tudo que é meu. A única coisa que lhe pedi foi que não desonrasse nossa família. Por favor, seguranças, levem ele e a moça daqui! E a partir desta data avisem a todos que eles não são mais bem-vindos em nenhuma de minhas propriedades. Ele terá de trabalhar para se sustentar a partir de agora.

Tão rápido quanto surgiu, o distinto senhor se foi por uma porta lateral.

Enquanto o casal era conduzido para fora, o falatório se intensificou entre as pessoas que haviam se aglomerado no corredor. E alguém comentou:

— Talvez, se tivessem sido autorresponsáveis, poderiam ter evitado essas consequências negativas.

Os envolvidos eram membros de uma família rica e muito conhecida, mas que se tornaram meros agentes passivos da própria vida. Colocaram-se no papel de expectadores e nada mais faziam senão reagir, sem nenhuma responsabilidade e sem compromisso com o crescimento e o desenvolvimento próprio. Mas ao sofrer as consequências de suas atitudes, não mais protegidos pelo grande senhor, tiveram de pagar o preço de suas más escolhas, embora ainda se justificando.

Essa história mostra que as justificativas, a transferência de responsabilidade, o julgamento e o vitimismo podem ser comparados a uma manta confortável, que aquece, mas aos poucos nos esmaga, sem que o percebamos.

É como aquela história da rã em uma panela com água morna: ela fica ali relaxada enquanto a temperatura vai aumentando até que a pobre morre sem se dar conta.

A falta de responsabilidade e seus maus frutos são um gás tóxico que mata a pessoa aos poucos e intoxica todo o ambiente.

A raiz da falta de autorresponsabilidade está diretamente relacionada com a fuga: deriva do anseio de fugir da dor, da exposição, do enfrentamento.

O problema é que, ao fugir do erro, geramos problemas irreparáveis. A postura autorresponsável nos permite corrigi-los e assim melhorar nossa vida e o mundo à nossa volta.

A inevitabilidade dos erros e a autorreponsabilidade

Imagine como teríamos um mundo muito mais harmônico se todos os indivíduos exercessem de modo autorresponsável o papel para o qual foram criados!

A postura autorresponsável traz benefícios tanto para o indivíduo quanto para o coletivo. A autorreponsabilidade nos faz sair da zona de conforto e assim nos dá a oportunidade de evoluir rumo a uma vida em abundância.

À primeira vista, desenvolver a autorresponsabilidade pode ser muito desafiador. Afinal, como já dissemos, não fomos ensinados a assumir a responsabilidade pelos nossos erros nem enxergarmos essa atitude como construtiva.

Contudo, é possível, sim, aprender com os erros e decidir os próximos passos em vez de adotar comportamentos "corriqueiros", como justificar o atraso por causa do trânsito ou a baixa qualidade na execução de uma tarefa.

Que nossos erros sejam poucos e corrigidos rapidamente, pois não temos compromisso com eles! Que, diante do problema identificado, façamos escolhas focadas em solucioná-lo e em aprender e crescer com o ocorrido!

Conscientes da realidade do erro, devemos tentar entender os fatores que contribuíram para que ele ocorresse e então desenvolver ações que lhe criem barreiras, a fim de que não se repita. Ao deparar com uma postura errada de nossa parte, devemos tentar compensar, reparar ou minimizar os danos com uma postura ou mesmo uma cultura de autorresponsabilidade e de abundância.

Um precioso segredo para assumir os erros e ser autorresponsável consiste em adotar diante da vida uma postura honesta, não perfeita. Consiste em preparar-se para agir, em trazer para si a responsabilidade e em reconhecer os erros sem desculpas e sem máscaras.

Sim, iremos errar, mas a grandeza reside em não ter compromisso com o erro, em deixar de transferir a culpa, justificar, julgar e se vitimizar e em buscar o conserto e o acerto.

Desse modo, entenderemos que pedir desculpas (dar e receber perdão) é bem melhor e mais produtivo que dar desculpas.

Assim, convidamos você a tomar posse de seu poder, a exercê-lo de modo consciente, a trazer a você a responsabilidade de todos os acontecimentos de sua vida.

Nossa sugestão: Diante do erro, peça desculpas e pare de dar desculpas, e assim se preparará para um mundo de abundância.

Só uma mente de abundância adota essa dinâmica.

A abundância e a autorresponsabilidade

Você pode estar se perguntando: Qual a relação entre esses dois conceitos?

A resposta é simples. A autorresponsabilidade é uma das características de quem tem uma mente de abundância, pois, se ao errar, assumir sua responsabilidade, ele se tornará senhor de sua história e então perceberá a oportunidade de fazer diferente, ou seja, cria-se uma possibilidade.

Atribuir ao outro a culpa pode até nos deixar confortáveis, mas não altera em nada o curso de nossa vida. Continuamos no papel passivo de nada fazer, porque não temos poder sobre o outro, sobre seus pensamentos e suas escolhas. Logo, perdem-se possibilidades.

> Erroneamente, habituamo-nos a pensar que, para sermos abundantes, necessitamos de grande quantidade de coisas valiosas, de bens acumulados, fartura e fortuna.

AUTORRESPONSABILIDADE

Vale registrar aqui que dinheiro não traz felicidade. Se dinheiro trouxesse ou comprasse felicidade, não existiria rico infeliz, e há milionários tão miseráveis que a única coisa que possuem é a própria riqueza. Todavia, assim como existem ricos miseráveis, há também ricos abundantes. Da mesma forma, há pobres miseráveis e pobres abundantes. A abundância e a miséria estão associadas ao estado de espírito, à mentalidade, não ao dinheiro em si.

Não estamos afirmando que dinheiro não é bom (a ausência de dinheiro pode trazer infelicidade), mas que ele por si só nada pode fazer se a pessoa possui um espírito miserável.

Logo, viver uma vida de abundância é viver uma vida de infinitas possibilidades, que não consiste simplesmente em luxo e bens materiais. Há riquezas que o dinheiro jamais poderá comprar.

Aliás, a definição original de abundância foge ao senso comum, pois seu conceito está associado a paz, amor, graça e alegria de modo transbordante.

Se não formos abundantes em nos importar, transbordar amor e nos doar ao próximo, dificilmente nos mostraremos autorresponsáveis.

Quem é abundante também se apresenta com esperança, propósito e inspiração e encontra formas de transbordar seus princípios e valores ao outro e ao mundo.

Vemos isso nas cenas inspiradoras de músicos oferecendo seu talento em sacadas e hospitais; de vizinhos compartilhando doações; de pessoas se voluntariando para ajudar idosos vulneráveis, e assim por diante.

Para se ter uma vida verdadeiramente de abundância, é necessário guardar princípios e valores. Eles são os pilares da autorresponsabilidade, para quem quer se posicionar de modo fortalecedor e abundante.

A razão disso é que princípios e valores são imutáveis e atemporais, ao passo que as regras são temporárias e podem ser modificadas.

"Todas as coisas me são lícitas, mas nem todas me convêm". Você certamente já ouviu essa frase muitas vezes, que consta no Livro oficial da vida. O que não convém não convinha ontem, não convêm hoje e não convirá amanhã, pois certamente se choca com os princípios.

Há muitas coisas que possuem valor, mas não têm preço. São coisas que não estão à venda, com as quais devemos encher nosso coração e nosso espírito e jamais negociá-las.

A mente não abundante anula possibilidades, pois limita o melhor do que poderia desfrutar.

O medo, a inveja, o egoísmo, a procura de culpados e a especialidade em reivindicar direitos e se esquivar dos deveres são comuns em pessoas que se portam com uma mente de egoísmo e escassez.

Em um contexto de guerras, pandemia ou desastre natural, é possível perceber mudanças bruscas na rotina da sociedade, bem como uma postura não abundante e egoísta das pessoas. Mas há também aqueles que reclamam do dia, do tempo e de tudo, que nunca se posicionam e usam frases como uma confortável âncora de fuga e de falta de enfrentamento das questões pessoais, como: "Deus quis assim"; "Que azar!". Pessoas assim jamais mudarão o fluxo de sua vida.

Albert Einstein dizia: "Insanidade é continuar fazendo sempre a mesma coisa e esperar resultados diferentes". Temos de sair de nosso lugar e agir diferente. Esse poder está inserido em sua essência, à espera de que você o acione.

Livre-arbítrio: a chave da autorresponsabilidade

Você pode estar pensando: "Ok, faz sentido o que foi dito até aqui, mas como mudar de postura? Como trazer a teoria para a prática e desfrutar uma vida abundante? Como ser autorresponsável?".

O primeiro passo é a decisão. Precisamos fazer escolhas assertivas. Precisamos assumir e reconhecer que nossas atitudes interferiram no resultado.

Quando entramos efetivamente em ação, ocorre uma mudança de mentalidade que nos conduz à fase seguinte, dessa vez com histórias de sucesso e de autoridade. Depois que entendemos que nosso poder reside justamente em decidir e resolvemos exercê-lo com maestria e responsabilidade, estamos aptos a subir de nível.

Todavia, entender isso não é o suficiente para nosso desenvolvimento. Precisamos também ter consciência e tomar posse disso, diante de cada escolha. Quando deixarmos de decidir ou de nos posicionar, colocamo-nos em um lugar de não merecimento, de falta de identidade, de não saber o que queremos.

Vamos lembrar mais uma vez que Deus nos fez à sua imagem e semelhança, por isso não somos meras criaturas, mas filhos de Deus, portadores de poder.

A palavra "poder" vem do latim *potere*, cujo significado indica posse de capacidade — em suma, a capacidade de fazer escolhas.

Fomos criados com a capacidade de escolher entre o bem e o mal, o certo e o errado, a felicidade e a tristeza, a raiva e o amor. Não somos condicionados: somos livres para decidir, e essa liberdade pode ser definida como livre-arbítrio.

Portanto, nosso poder está diretamente ligado ao nosso livre-arbítrio.

Pense em quantas decisões tomamos em um único dia. Desde que acordamos, estamos fazendo escolhas. Escolhemos se vamos tomar banho de manhã, pentear o cabelo, passar ou não perfume, escovar os dentes ou tomar café; escolhemos o que comeremos, o que vamos passar no pão, que roupa usar, que sapato calçar, e assim por diante.

O *Wall Street Journal* avaliou essas microdecisões e concluiu que o ser humano toma cerca de 35 mil decisões por dia — um número considerável, não?

Assim, em um final de semana podemos escolher se assistiremos a uma série, se iremos passear com os amigos, se ficaremos com a família, se vamos à igreja ou se faremos um curso. Cada escolha gera um resultado, uma experiência a ser vivida nesses dias.

Portanto, temos o poder de decidir qual será a qualidade de nosso dia, de nosso final de semana, de nosso mês, de nosso ano e de nossa vida.

Tudo acontece e se modela por meio de nossas decisões, de nossa capacidade de nos posicionarmos ou mesmo de não tomar posição.

A verdade é que cada decisão que tomamos nos coloca em determinado lugar ou nos leva a um lugar. Até quando omitimos ou "não tomamos decisão", já estamos decidindo não nos posicionar.

A lei da semeadura, muito tratada na psicologia e também na Bíblia, diz que o plantio é opcional — podemos plantar todos os dias —, mas a colheita é inevitável. Todavia, acreditamos que plantar é obrigatório, pois o plantio é equivalente às nossas escolhas e ações. Mesmo quando decidimos não entrar em ação, essa escolha já é uma ação, que irá inevitavelmente gerar um resultado, uma colheita.

É por meio dessas decisões que modelamos nossa vida.

Vamos relembrar aqui a questão de deixar nossos filhos terem suas escolhas. Não importa se a blusa amarela estampada não combina com o *short* xadrez roxo. É importante deixar os pequenos praticarem o poder que reside nas escolhas. E, mais uma vez, não devemos julgá-los com base em nossa maturidade.

Uma moça não conseguia usar vestidos e não sabia por quê. Mas um dia descobriu que sua objeção estava ligada a um fato ocorrido na infância. Quando ainda era muito pequena, queria ir de macacão a uma festa de casamento, porém a mãe, sem qualquer argumentação, tentou forçá-la a usar um vestido. A menina fez birra, e na confusão a mãe, para puni-la, rasgou o vestido ainda no corpinho da filha. Aquele fato ficou registrado em seu subconsciente, e ela cresceu sem saber o motivo de jamais usar vestidos.

Deixar os filhos decidirem coisas triviais é uma forma de prepará-los para serem autores da própria vida. Todavia, muitos pais querem controlar totalmente a vida das crianças. Assim, calam a voz delas e as fazem crer que o que pensam não é importante. Mas, quando os filhos crescem, querem que estes sejam independentes, autônomos, capazes de administrar a vida com maestria. Mas como, se a vida inteira foram adestrados para serem passivos e sem poder de decisão?

Os que foram assim adestrados tiveram também sua essência "rasgada". Mas ainda há tempo de se posicionarem e assumir seu livre-arbítrio.

Convém lembrar que toda decisão conduz a uma ação, que por sua vez traz novo significado. Portanto, a chave da mudança para uma vida abundante provém de uma decisão. Essa chave, porém, só abre por dentro e é acessada pela consciência e pelo autoconhecimento.

O autoconhecimento nos faz acessar nossa essência, e, assim, conectados à nossa programação original, podemos desfrutar com responsabilidade as partículas e o poder divino depositados em nós para aquele propósito que já existia no coração de Deus antes mesmo de existirmos.

Assim, em posse da consciência para decidir e do autoconhecimento, retomamos o controle de nossa vida.

Afinal, todo indivíduo recebeu o controle remoto da própria vida — o livre-arbítrio. E, consciente dessa posse, ele poderá antecipar acontecimentos, se posicionar, adotar atitudes e mudar o fluxo de sua existência, pois deixará de ser reativo.

AUTORRESPONSABILIDADE

Reagir, como já dissemos, não é a melhor escolha. A reação jamais faria sentido para um agente de ação consciente e autorresponsável.

Ao reagir, rebatemos os lances da vida, ao passo que ao agir deixamos de lado os frutos da falta de autorresponsabilidade. Tornamo-nos então poderosos, pois, em vez de reagir aos acontecimentos, passamos a direcioná-los.

A reação afasta-nos do propósito para o qual fomos criados e, em alguns casos, nos confunde, a ponto de se tornar a base de nossa identidade, por impedir nossa essência de buscar o que a completa e permitir que outros o façam em nosso lugar, decidam por nós e nos influenciem.

Portanto, o poder está na mão de quem age, de quem se posiciona, de quem exerce seu livre-arbítrio com consciência e assertividade.

Se usarmos nosso controle remoto com base em princípio e valores, que são atemporais e inegociáveis, evitaremos grandes arrependimentos, perda do sono por preocupação ou peso na consciência.

NÃO IMPORTA O QUE ACONTEÇA, IMPORTA COMO NOS SENTIMOS E INTERPRETAMOS O QUE ACONTECE.

Vejamos o caso de dois irmãos, cujos pais trabalhavam muito: um dos filhos entendia que fora abandonado, ao passo que o outro admirava o esforço dos pais. Do mesmo modo, outros dois irmãos foram corrigidos quando pequenos: um deles cresceu revoltado com a correção, ao passo que o outro considerou a correção um ajuste de rota.

É a interpretação correta dos acontecimentos que nos direciona para o caminho da abundância.

Sempre que alguém fizer algo que o desagrade, nossa sugestão é que tente enxergá-lo como uma criança de 5 anos. Pense em como foi a história de vida dele, nos medos, anseios e carências que o levaram a ser quem é e a pensar de forma diferente da sua. Pense no que o motiva, no que ele recebeu e no que teve e tem para oferecer, sem nenhum julgamento. Isso o tornará mais compreensivo, mais leve, e o alimentará com os melhores nutrientes.

Use seu livre-arbítrio e escolha aquilo que o fortaleça. Assuma o poder de suas escolhas e os consequentes resultados. Abra mão de pensamentos e interpretações que lhe tirem a paz de espírito. Renove sua mente. A cada decisão fortalecedora, sua mente desenhará novos caminhos neurais — a neuroplasticidade cerebral, de que já falamos.

A neurocientista Caroline Leaf explica que somos capazes de controlar e alterar nossa biologia, que não somos vítimas dela. Em seu livro *Ative seu cérebro*, ela afirma que pensamentos criam sinais que passam pela membrana da célula, viajam até o núcleo dessa célula, entram no cromossomo e ativam uma cadeia de DNA. Esse DNA permanece dormente e comprimido, quase como um casulo, até ser aberto e ativado pelo sinal. Logo, o DNA que estava dormente, compactado e inerte é aberto pelo sinal (pensamento) e culmina na manifestação das proteínas, que produzem um gene. Ou seja, aquilo que pensamos, acreditamos ou decidimos modifica nosso código genético.

É no mínimo majestoso entender biologicamente esse poder. Por isso, as afirmações que fazemos acerca de nós mesmos, dos outros, do sucesso de nossa vida e da vida de nossos filhos e de como reagiremos à doença fazem gritante diferença e conduzem nossa fisiologia, pois a forma de interpretar e o que acreditamos mudam os fatos, as crenças e o mundo à nossa volta.

Sobre o assunto, pesquisas demonstram que pessoas em coma ou anestesiadas são estimuladas pelos sons e frases faladas enquanto estão nesse estado, quando muitos afirmam que estão inconscientes. Um dos pioneiros dessa pesquisa é o neurocientista Andrian Owen, da Universidade de Cambridge, que analisou uma mulher em estado vegetativo. Ao colocar nela fones de ouvidos com alguns comandos, percebeu que ela apresentava ativação nas mesmas áreas cerebrais de uma pessoa em estado normal.

O mesmo foi constatado quando pessoas "em estado inconsciente" ouviram a voz de entes queridos. Mesmo anestesiadas ou em coma, a mente

AUTORRESPONSABILIDADE

delas reagiu com empolgação às referidas vozes. Elas podiam até não se lembrar de nada depois que acordaram, mas aquelas informações ficaram registradas no subconsciente.

Algo semelhante ocorre durante uma cirurgia em que a equipe médica menciona a gravidade do caso, a dificuldade de recuperação ou a cura. O conteúdo dessas percepções fica registrado na mente da pessoa e manda um sinal aos filamentos do DNA até então inertes, que pode prejudicar ou ajudar a recuperação efetiva do paciente.

E, se merecem atenção os sinais emitidos na presença de alguém em coma, anestesiado ou mesmo dormindo, muito mais diante de quem está acordado, a começar pelas mensagens que emitimos a nós mesmos.

Em suma, o que pensamos, as interpretações que damos aos acontecimentos e o que emana de nós para a vida do outro, para o espaço e para a própria vida geram sinais que mudam o DNA, a fisiologia, nossa realidade e nosso estado de espírito.

Cientes de que a felicidade é um estado de espírito, não um lugar, tampouco um objeto ou um bem material, podemos decidir ser felizes, sem jamais atribuir ao outro a responsabilidade sobre algo tão importante. Assim, podemos ser felizes quando chove ou quando faz sol; quando estamos doentes ou com saúde; quando nasce alguém ou quando perdemos um ente querido; vivendo em um país pobre ou em um país rico; passando fome ou bem alimentados. Em qualquer situação, nosso estado de espírito se mantém essencialmente feliz, a despeito dos momentos inevitáveis de dor.

Manter o estado de espírito essencialmente feliz é acima de tudo uma decisão. Devemos ser felizes por nós mesmos, apesar do tempo, da dor e da morte. Se você esperar as condições perfeitas, apenas notícias boas e grandes conquistas ou depender de alguém, do tempo, da política ou do dinheiro para ser feliz, passará a vida inteira em estado de infelicidade.

Pertence a nós também a responsabilidade de amar e perdoar, porque o amor e o perdão são decisões. Podemos decidir amar e perdoar e assim superaremos qualquer situação.

Aliás, devemos tomar a decisão de amar e perdoar todos os dias, pois jamais encontraremos as condições perfeitas ou as pessoas perfeitas para isso.

Além disso, não estamos isentos de sofrer frustrações ou de lidar com erros. Você pode estar casado com a pessoa mais incrível do mundo ou ter os filhos mais extraordinários, mas irão errar e decepcioná-lo algum dia. Por certo, você também errará, mas sem compromisso com o erro, buscando sempre melhorar e se ajustar, de modo que possa perdoar quando os outros errarem, por entender que eles estão no tempo de desenvolvimento deles.

De posse de seu livre-arbítrio e com base em sua interpretação dos fatos, você poderá tomar decisões, inclusive entre o bem e o mal.

Por isso, antes de qualquer ação, você deve refletir, para ter certeza de que essa ação irá aproximá-lo ou afastá-lo do bem. E, se sua decisão estiver apoiada em princípios e valores, você estará revestido com uma resposta fortalecedora, que abrirá as portas da vida de abundância que o aguarda.

Se nos conscientizarmos e adotarmos a decisão de ser feliz, de amar e perdoar, de nos posicionarmos pelo bem, colheremos as consequências e as responsabilidades de nossas boas escolhas.

Autorresponsabilidade também consiste em assumir as dádivas colhidas por meio das decisões pautadas em um livre-arbítrio fortalecedor. Mas lembre-se: essa modalidade nem sempre atrai os holofotes.

> **Busque sempre por sabedoria, para se posicionar e exercer com maestria o grande poder do livre-arbítrio. E, se houver erros, tenha a humildade e a agilidade de assumi-los logo e acertar as consequências das escolhas equivocadas.**

AUTORRESPONSABILIDADE

Portanto, acesse seu poder, nutra sua mente com as melhores interpretações e use bem o controle remoto do livre-arbítrio para tomar decisões fortalecedoras, que serão preponderantes no rumo que sua vida irá tomar.

O poder está em suas mãos e de mais ninguém!

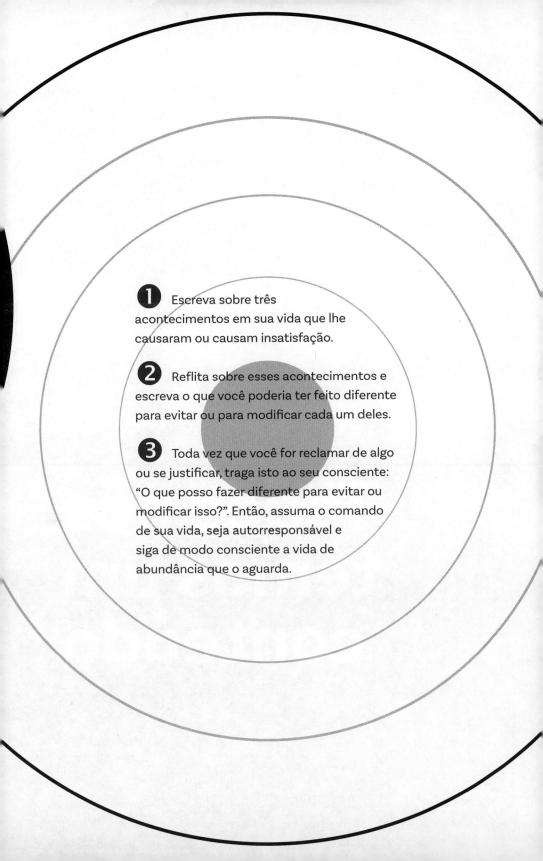

① Escreva sobre três acontecimentos em sua vida que lhe causaram ou causam insatisfação.

② Reflita sobre esses acontecimentos e escreva o que você poderia ter feito diferente para evitar ou para modificar cada um deles.

③ Toda vez que você for reclamar de algo ou se justificar, traga isto ao seu consciente: "O que posso fazer diferente para evitar ou modificar isso?". Então, assuma o comando de sua vida, seja autorresponsável e siga de modo consciente a vida de abundância que o aguarda.

CAPÍTULO 4

Todos nós temos um conteúdo

> Faça o que você faz muito bem, e eles vão
> querer ver de novo e trazer seus amigos.
> WALT DISNEY

Conteúdo — histórias de vitória e superação

O que é conteúdo? De acordo com o dicionário, é um conjunto de ideias, temas e argumentos que juntos explicam determinado assunto.

Com base nesse conceito, você acredita ter algum conteúdo para transmitir?

Se você respondeu afirmativamente, concordamos com você, e novos conteúdos podem ser descobertos na incrível caixinha de sua existência.

Se sua resposta foi negativa, é possível ainda assim descobrir qual conteúdo você carrega.

Sim, todos nós temos um conteúdo. Talvez o seu lhe pareça muito simples, parte do que lhe é habitual, mas para quem o recebe pode ser extraordinário.

Pode ser até mesmo que você acredite que não tem conteúdo, mas existe algo aí dentro que poderia ajudar muitas e muitas pessoas.

Você pode se perguntar ainda: "Por que alguém teria interesse no meu conteúdo?".

Esteja certo de que todos carregamos algo que pode ser veículo de transformação e cura na vida de alguém. A dor que você venceu ou a crise que superou pode ser ensinada a outros que estejam em igual situação.

Por exemplo, muitos pais que perderam um filho para o câncer fazem campanha de conscientização e trabalho voluntário de apoio a famílias na mesma situação. Podemos também citar o trabalho de pessoas reabilitadas das drogas ou do álcool a favor de pessoas que querem largar o vício.

Por certo, você já superou uma dor — doença, morte, frustração, fracasso no casamento, falência, vício, abandono, trauma. E essa sua vitória o levou a um nível superior.

É como se você estivesse em um contêiner fechado e escuro, com várias outras pessoas vivendo o mesmo desafio, sem nada enxergar além de sua dor e frustração. De repente, você enxerga um alçapão no teto, que lhe permite sair. E essa descoberta o habilita a puxar as outras pessoas que ainda estão lá embaixo, sem enxergar a saída.

A partir do momento em que superamos algo, adquirimos autoridade e legitimidade para orientar outras pessoas a vencer situações semelhantes.

Você não precisa ser igual aos outros, mas pode e deve usar sua essência (sua história), seja diferente, seja semelhante a tudo que se vê por aí. Esse é seu modelo, e, por certo, muitas outras pessoas irão se conectar com esse formato.

Talvez você diga que ainda dói ou que ainda luta contra algo, mas essa força para lutar e não desistir já é um conteúdo poderosíssimo para outros que pensam em desistir.

Há muitos que, por medo de se expor, de ser criticado ou reprovado, retêm seu conteúdo e, ao fazer isso, enterram seu talento, destroem seus frutos e deixam de mudar o mundo.

Famílias se perdem, pessoas se suicidam e crianças sofrem quando alguém, por falta de consciência ou para se preservar, deixa de entregar aquilo que carrega. O preço dessa omissão pode ser muito caro para alguém. Sua voz faz falta no mundo!

Mesmo que você ainda não esteja convicto de carregar um conteúdo pronto, falar sobre a história de superação de outras pessoas já seria um primeiro grande passo para sair da inércia e começar.

Para isso, use histórias inspiradoras, que façam sentido para você ou que sinta entusiasmo em compartilhar.

Mas atenção: ao contar uma história, lembre-se de que quem não respeita princípios e valores se perderá, em algum momento, na própria torpeza. Sem bases sólidas, mesmo quem construiu um império só terá uma estrutura maior a desmoronar. Nunca negocie princípios.

Então, que tal começar a construir e entregar seu conteúdo com histórias de superação?

Conteúdo — vocação, missão e propósito

Esses três aspectos, além de extraordinários, também nos ajudarão a encontrar um precioso conteúdo.

Vocação

A vocação diz respeito às nossas habilidades, talentos e dons naturais, que podem ou não beneficiar terceiros. Podemos dizer que é algo inerente a nós, que emana de dentro, mas isso não quer dizer que a vocação não precise ser desenvolvida, praticada ou treinada.

É o caso dos jogadores de futebol, por exemplo. Eles nasceram com um talento natural, todavia sua vocação não dispensa que treinem duramente para se tornar mais habilidosos e mais bem preparados fisicamente.

Contudo, convém ressaltar que muitos amam jogar bola, treinam e se dedicam por longos períodos, mas, apesar do grande esforço, não conseguem um bom resultado. Com o tempo, toda essa dedicação passa a se tornar um peso. Eles têm um desejo, mas não têm vocação.

Quando falamos de vocação, talentos naturais, dons e habilidades, referimo-nos ao que é leve, natural e ativa as forças internas do indivíduo. É quando o poder divino circula em cada uma de nossas células.

Missão

Para escrever sua missão, você também deve acessar seus talentos naturais. Por exemplo: "Minha missão é ser uma pessoa paciente, estudiosa e focada, com o objetivo de fazer algo, como usar minhas habilidades de ensinar pessoas a ler, escrever e desenvolver amor pelo conhecimento".

A missão implica um resultado. Você por certo desejará ser lembrado como alguém que preparou pessoas e as conduziu a um futuro melhor, que fez a diferença na vida do outro e no mundo à sua volta.

Você já deve ter percebido que a missão está ligada à essência, ao que se é, aos dons naturais. E, se você usar esses dons e habilidades, estará fazendo algo, para então ser lembrado como alguém que construiu um legado.

Costumamos dizer que a missão tem três níveis.

O primeiro nível é aquele no qual, com seu "fazer", a pessoa se beneficia diretamente e, de modo indireto, beneficia o outro. Porque o foco está nela mesma: o outro é alcançado por mera consequência.

Ousamos afirmar que esse nível é normalmente praticado por pessoas com mentalidade não abundante e egoísta, preocupadas apenas consigo mesmas e movidas por propostas.

É como o professor que carrega o dom nato de ensinar, possui vocação para o ensino, porém exerce seu ofício de modo desleixado, por pensar apenas em si ou por se sentir desestimulado com seu salário.

No segundo nível, o outro é beneficiado de forma direta. É quando se agrega valor a determinado grupo de pessoas.

É como o professor que ensina com alegria, entusiasmo e emoção e assim beneficia um grupo constituído pelos seus alunos.

O terceiro e mais elevado nível consiste em "fazer" o que beneficia um número amplo de indivíduos, muitos dos quais a pessoa jamais conhecerá. É quando o que fazemos atinge patamares imensuráveis e um número ilimitado de vidas.

Comparamos esse nível com os frutos de um trabalho que libera sementes, e estas, quando lançadas, atingem solos que nossos pés jamais pisaram e nossos olhos jamais viram. Essas sementes geram árvores, sombras, flores, novos frutos e novas sementes, de modo que os resultados são inatingíveis e incalculáveis.

Assim, podemos dizer que, de certa forma, a missão diz respeito ao "como", à maneira pela qual o conteúdo vocacional é transmitido e a vocação, os dons, os talentos e as habilidades são postos em prática.

Propósito

No que diz respeito ao propósito, assunto bastante explorado no capítulo 2, é o que move a pessoa, aquele "o quê" forte. Portanto, o propósito implica como a vocação e a missão atingem o outro, direta ou indiretamente.

Assim, o propósito consiste em escrever a missão com o coração. É o que a pessoa faz, independentemente de valor. É a resposta à seguinte pergunta: se todas as profissões do mundo remunerassem igual, qual você escolheria?

A resposta a essa pergunta indica o agir por propósito, não por proposta, a execução do poder, que faz o coração da pessoa bater mais forte e os olhos brilharem a ponto de se tornar inevitável que o brilho reflita naqueles à sua volta e que muitos queiram estar mais perto dela e de seu conteúdo.

Steve Jobs dizia: "A única maneira de fazer algo excelente é amar o que você faz. Se você ainda não a encontrou, continue procurando. Não se acomode". Ao amar o que fazemos, tudo flui, tudo é leve. Não importa se você tem um microfone ou não, se você está na margem de um rio, dentro de um barco ou no topo de uma montanha, as pessoas desejarão receber seu conteúdo.

Mais adiante, falaremos do maior "conteudista" de todos os tempos e veremos que ele sempre comunicou sua mensagem com muito amor, sem distinção de pessoas, por meio de uma estratégia que atraía milhares e milhares de pessoas.

Tinha muitos talentos, habilidades, dons naturais e sobrenaturais, e seus olhos estavam sempre voltados para sua missão e para seu propósito.

Esse "conteudista" jamais pensou em si e assim agiu. Ele resistiu a tentações e provações, mesmo sabendo da dor e dos desafios que o aguardavam. E, quando essa hora chegou, comportou-se como um cordeiro silente e manso e, sem dizer uma palavra, entregou a própria vida por mim e por você, uma lição de puro amor. Desse modo, ele deixou o mais nobre e poderoso conteúdo que já se espalhou no tempo e no espaço.

Temos certeza de que você sabe a quem estamos nos referindo. É justamente ele quem devemos ter como referência para nos inspirar enquanto vivemos nossa vocação, missão e propósito e, principalmente, ao transmitir nosso conteúdo.

Você deve estar pensando: "Mas como vou me inspirar em Jesus, que era o Filho de Deus e parte da Trindade divina?!". Veja como é possível. O apóstolo Paulo diz:

Sede meus imitadores, como também eu, de Cristo
(1 Coríntios 11.1, Almeida Revista e Corrigida).

Observe que Paulo não está pedindo que imitemos Cristo. Se fosse assim, você poderia questionar essa possibilidade, por se tratar do Filho de Deus. Mas o apóstolo pede que imite a ele mesmo, ou seja, um ser humano como nós. No entanto, se ele foi capaz de imitar Cristo, eu e você também podemos.

Conteúdo — ser, fazer e ter

Talvez você ainda não tenha definido a melhor forma de transmitir seu conteúdo ou esteja pensando que não tem nada para compartilhar. Mas, como já dissemos, todos nós temos algo a oferecer, com base em quem somos, no que fazemos e nas experiências e resultados que vivenciamos.

Para isso, iremos explorar o conteúdo que portamos por meio do ser, do fazer e do ter.

> **O grande passo para descobrir nosso conteúdo é saber quem de fato somos. Mergulhar em nós mesmos nos dará condições de trazer o conteúdo para fora e de entregá-lo a quem está precisando dele.**

Nosso conteúdo está carregado de singularidade, de emoções, pensamentos e percepções, de nosso DNA. Isso compõe uma obra-prima, sabia?

Como se avalia uma joia preciosa? Essa avaliação é feita com base no material que a compõe, em sua complexidade e na quantidade de peças semelhantes existentes no mundo.

Partindo dessa premissa, sua composição é simples ou complexa? Quantos iguais a você existem no mundo? Com base nessa resposta, você conseguirá mensurar um pouquinho de seu inestimável valor e do valor agregado ao conteúdo que carrega.

TODOS NÓS TEMOS UM CONTEÚDO

Mais uma vez, você é único no mundo. Não existe ninguém igual a você, assim como não há nada igual ao seu DNA, às suas impressões digitais, ao seu tecido celular e ao seu timbre de voz. Fomos criados à imagem e semelhança da perfeição, e temos dentro de nós uma essência poderosa. E, se deixarmos de acessar esse conteúdo tão raro, negligenciaremos nosso poder.

Portanto, este é um excelente momento para fazer um alinhamento de sua identidade, propósito e missão e ajustá-los às suas ações, a fim de que possa fazer a diferença nessa sua breve passagem por este mundo.

Por favor, responda às seguintes perguntas:

1 Sei quem sou? Conheço e reconheço minha identidade?

2 Tenho utilizado minha vocação (habilidades, dons e talentos)?

3 Reconheço que minha missão é cumprida com alegria e entusiasmo?

Após essa pausa para uma breve reflexão e depois de resgatar e trazer à consciência algumas percepções sobre você, voltemos a falar da importância de nosso conteúdo por meio do que fazemos e das experiências que vivemos.

Quando encontramos um alinhamento que nos permite reconhecer quem somos e qual a missão a ser cumprida, damos ensejo a desfrutar a plenitude. Sentimo-nos completos e encontramos sentido para nossas ações, e isso fortalece o conteúdo que já existe dentro de nós.

Assim, é possível carregar e explorar conteúdos relacionados com profissões, atividades desempenhadas, pesquisas, técnicas, *hobbies* ou mesmo assuntos em que a pessoa encontra prazer e os quais passaria horas discutindo, pesquisando ou apenas degustando.

Pode ser que seu conteúdo seja forte no âmbito do fazer ou da técnica. Pode também ser originado de suas experiências sensoriais, emocionais, espirituais ou físicas. Pode ainda estar relacionado com viagens ou experiências vivenciadas em determinada fase de sua vida.

Nos dias de hoje, é comum encontrarmos profissionais que exploram seu conteúdo baseados em modismos, interesses pessoais e necessidades do mercado. Eles tratam de assuntos que não vivenciam ou que não lhe tocam verdadeiramente o coração. Desse modo, muitas vezes não internalizaram esse conteúdo de fato, por isso não estão legitimados para explorá-lo, o que irá gerar uma atmosfera forçada e artificial e poderá se tornar uma cilada para eles.

Podemos citar como exemplo aquelas pessoas que vão para as redes sociais emitir opiniões sobre os assuntos em voga, mas sem nunca ter tido experiência na área ou sem ao menos encontrar verdadeiro sentido nesses pronunciamentos. Fica evidente que a pessoa está "forçando a barra".

Isso se dá porque muitas vezes a pessoa, em vez de trabalhar seu conteúdo e focar sua essência, age sob a influência do efeito manada e se põe a fazer algo só porque todo mundo está fazendo, porque dá dinheiro ou porque está dando certo para outras pessoas.

Esse tipo de pessoa tem dificuldade para saber quem é e que conteúdo carrega. Desse modo, acaba movida por propostas alheias, sem questionar se suas ações a estão afastando de sua identidade, propósito e missão.

Além disso, há quem se entusiasme com um conteúdo, mas vive de modo contrário ao que prega. Em algum momento da jornada, porém, ele irá sentir o peso da falta de legitimidade, da incoerência proclamar o que não conhece na prática, e então poderá se sentir impelido a desistir de tudo, por não se sentir legítimo por ter perdido as bases de sustentação para avançar.

Existe ainda o conteúdo decorrente dos resultados obtidos. Muitos exploram hoje um conteúdo atrelado a resultados, como ganhar dinheiro ou emagrecer. Naturalmente, é possível estar legitimado para compartilhar um conteúdo desse tipo, quando esse conteúdo existe por causa de uma conquista relacionada com aquele resultado. Caso contrário, será algo forçado e forjado.

O que fazemos e obtemos de resultado depende de quem somos. Usemos o exemplo da riqueza de forma simplória. Para ser rico, precisamos antes de tudo pensar como rico, adquirir um *mindset* de riqueza, e essas percepções irão compor nossa mente, nossos pensamentos e nossas emoções. Esse conjunto de pensamentos e emoções implica ações determinadas, como poupar, investir ou trabalhar de maneira eficiente. São as ações que geram resultados.

Desse modo, seu conteúdo pode estar atrelado ao que você pensa, faz ou possui. Ocorre que, para o conteúdo ter força e poder, você terá primeiramente de acessar sua essência, a fim de saber quem você é. Você precisa se aliar aos princípios e valores que formam seu caráter, para então caminhar rumo ao "fazer" e ao "ter" de modo próspero e abundante, espalhando seu conteúdo com autoridade, legitimidade, verdade e poder.

Assim, de posse de uma essência forte em princípios e valores atrelados a Deus, seu conteúdo será poderoso.

Conteúdo — ingredientes fortalecedores

Além de essência atrelada ao ser, que implica atos e resultados fortes e abundantes, há outros ingredientes a considerar. Para melhor compreensão, vamos contar uma história.

Alguns colégios tecnológicos de um país da Ásia abriram um concurso para a invenção ou melhoramento de um microscópio interligado a computadores. Os inscritos eram os alunos mais destacados e dos anos escolares mais avançados e que já haviam explorado aquele conteúdo. A regra era que cada escola podia enviar apenas um aluno, cujas notas e desempenho iriam projetar grandiosamente perante a sociedade a instituição que ele representava.

Uma das escolas não teve ninguém dos períodos mais avançados disposto a participar do concurso. Mesmo assim, inscreveu um aluno muito jovem, que não tinha ainda acesso à metade do conteúdo repassado aos alunos mais avançados. Por falta de opção, permitiu que um aluno "não tão bem preparado" fosse representá-la.

Cada aluno podia escolher um item pessoal para levar, além dos que estariam disponibilizados no local. O diretor, preocupado com a credibilidade da escola, convocou-o ao seu gabinete e declarou que achava melhor ele desistir da ideia de participar do concurso.

No entanto, o jovem estava convicto de que seria o vencedor. Para provar o que dizia, mencionou o fato de que já havia desenvolvido sozinho dois outros tipos microscópios com funções diferenciadas e que se sentia apto para concorrer, apesar da pouca idade.

O diretor, percebendo a convicção do jovem, ofereceu-lhe uma caixa de ferramentas de última geração que a escola havia adquirido, para que a usasse como o item permitido. Mas o aluno recusou, pois não estava apto a utilizar aquelas ferramentas, que só iriam atrapalhá-lo. Estava acostumado com instrumentos mais "simples", os quais também seriam disponibilizados no local.

Todos ficaram intrigados com a escolha dele de levar suas próprias ferramentas, as mais simples, porém aquelas que ele já estava acostumado a usar.

Assim ocorreu. E todos os que não acreditaram nele ficaram surpresos. Aquele jovem, que todos julgavam, não só inventou uma nova tecnologia, como venceu o concurso, e seu nome se projetou no âmbito da ciência e da pesquisa.

Note-se que a única pessoa que conhecia o aluno e acreditava no conteúdo que carregava era ele mesmo.

PORTANTO, NINGUÉM PRECISA ACREDITAR EM SEU CONTEÚDO ALÉM DE VOCÊ.

Se soubermos quem somos, a opinião do outro não nos deforma. Aquele aluno sabia quem era e qual sua identidade, por isso enfrentou um grande desafio, assumindo as consequências que seu "fracasso" temporário poderia provocar.

Essa postura demonstra que ele não aceitava um não como resposta. Depois de analisar o cenário e estar ciente das consequências, ele se manteve firme, quando muitos teriam desistido. Sua fé — o nutriente correto do qual se alimentava — ajudou-o a superar o medo e o fortaleceu.

Outro ponto que merece destaque é o fato de ele já ter resultados positivos em experiências do passado, e, sem dúvida, essas experiências vitoriosas lhe deram a confiança necessária para enfrentar outros desafios.

Sempre que vamos tomar uma decisão, nosso cérebro sai em busca de acontecimentos passados e faz associações. Se encontrar histórias de derrota, sentirá dor; se forem histórias de sucesso, sentirá esperança. Daí a importância de celebrar qualquer conquista, por menor que ela seja, porque esse ato faz que seu cérebro passe a associar você a um vencedor porque uma vitória somente será cognitivamente reconhecida como vitória se for celebrada. Não importa o tamanho da vitória, celebre todas!

Quando relembrarmos histórias de sucesso, é como se revivêssemos aqueles momentos, pois nosso cérebro não sabe diferenciar a realidade da ficção ou a realidade do virtual. Assim, nosso corpo libera os hormônios necessários para nos fortalecer e nos inspirar a continuar a jornada da vida.

O aluno vitorioso tinha um conteúdo precioso para ensinar. Ele se esforçava e treinava intensamente com seus projetos até ter sido testado e vencer o renomado concurso.

Você percebe como a história de vida desse garoto, sua dedicação, intencionalidade, desafios, crenças e talvez até seus medos o moldaram e o ajudaram a escrever uma grande história? Assim, ele se tornou legítimo e pôde inspirar e ensinar tudo que viveu e aprendeu a outros estudantes, a pesquisadores e até a cientistas.

Quando alinhamos nossa identidade, missão e propósito de vida com uma história de superação ou de sucesso que vivenciamos, fazemos exatamente aquilo para o qual fomos criados, para que possamos todos os dias cumprir nossa verdadeira missão, e é nesse ponto que os resultados acontecem.

Na mesma história, percebemos ainda que a clareza de identidade levou o jovem a dispensar ferramentas mais modernas, pois sabia que as suas fariam sentido para ele. Ele sabia o que usar e o que iria precisar para desenvolver seu conteúdo.

Conteúdo — quando começar e a quem entregar

Antes de prosseguir, queremos transcrever um trecho do discurso de Steve Jobs aos formandos da Universidade de Stanford, em 12 de junho de 2005:

Quando eu tinha 17 anos, li uma frase que era algo assim: "Se você viver cada dia como se fosse o último, um dia ele realmente será o último". Aquilo me impressionou, e desde então, nos últimos 33 anos, eu olho para mim mesmo no espelho toda manhã e pergunto: "Se hoje fosse o meu último dia, eu gostaria de fazer o que faço hoje?". E se a resposta for "não" por muitos dias seguidos, sei que preciso mudar alguma coisa. Lembrar que estarei morto em breve é a ferramenta mais importante que já encontrei para me ajudar a tomar grandes decisões. Porque quase tudo — expectativas externas, orgulho, medo de passar vergonha ou falhar — caem diante da morte, deixando apenas o que é apenas importante. Não há razão para não seguir o seu coração. Lembrar que você vai morrer é a melhor maneira que eu conheço para evitar a armadilha de pensar que você tem algo a perder. Você já está nu. Não há razão para não seguir seu coração. Há um ano, eu fui diagnosticado com câncer. Era 7h30 da manhã e eu tinha uma imagem que mostrava claramente um tumor no pâncreas. Eu nem sabia o que era um pâncreas. Os médicos me disseram que aquilo era certamente um tipo de câncer incurável, e que eu não deveria esperar viver mais de três a seis semanas. Meu médico me aconselhou a ir para casa e arrumar minhas coisas — que é o código dos médicos para "preparar para morrer". Significa tentar dizer às suas crianças em alguns meses tudo aquilo que você pensou ter os próximos 10 anos para dizer. Significa dizer seu adeus. Eu vivi com aquele diagnóstico o dia inteiro. Depois, à tarde, eu fiz uma biópsia, em que eles enfiaram um endoscópio pela minha garganta abaixo, através do meu estômago e pelos intestinos. Colocaram uma agulha no meu pâncreas e tiraram algumas células do tumor. Eu estava sedado, mas minha mulher, que estava lá, contou que quando os médicos viram as células em um microscópio, começaram a chorar. Era uma forma muito rara de câncer pancreático que podia ser curada com cirurgia. Eu operei e estou bem. Isso foi o mais perto que eu estive de encarar a morte e eu espero que seja o mais perto que vou ficar pelas próximas décadas. Tendo passado por isso, posso agora dizer a vocês, com um pouco mais de certeza do que quando a morte era um conceito apenas abstrato: ninguém quer morrer. Até mesmo as pessoas que querem ir para o céu não querem morrer para chegar lá. Ainda assim, a morte é o destino que todos nós compartilhamos. Ninguém nunca conseguiu escapar. E assim é como deve ser, porque a morte é muito provavelmente a principal invenção da vida. É o agente de mudança da vida. Ela limpa o velho para abrir caminho para o novo. Nesse momento, o novo é você. Mas algum dia, não muito distante, você gradualmente se tornará um velho e será varrido. Desculpa ser tão dramático, mas isso é a verdade. O seu tempo é limitado, então não o gaste vivendo a vida de um outro alguém. Não fique preso pelos dogmas, que é viver com os resultados da vida de outras pessoas. Não deixe que o barulho da opinião dos outros cale a sua própria voz interior. E o mais importante: tenha coragem de seguir o seu próprio coração e a sua intuição. Eles de alguma maneira já sabem o que você realmente quer se tornar. Todo o resto é secundário.[1]

Todos nós estamos morrendo a cada dia. Não precisamos ouvir aquela frase: "Prepare-se, você vai morrer". Ela já está subentendida. A pergunta preponderante é: o que estamos entregando? Se hoje for seu último dia, o que você entregou? Terá entregue o máximo e o seu melhor para Deus, para você mesmo, para seus familiares, para seus filhos, para seus alunos, para seus amigos, para o outro? Ou você reteve seu conteúdo? Quanto de você ficará nas pessoas após sua morte?

Essas perguntas, apesar de chocantes, devem gerar reflexão, e sugerimos que você responda a cada uma por vez, para maior clareza. Elas são preponderantes para você saber quanto entrega, quanto retém e quanto está disposto a entregar ao outro.

Pessoas egoístas, com mente não abundante, têm medo de compartilhar conhecimento, o que demonstra insegurança e pequenez.

A mente de abundância compartilha, pois sabe que ninguém tirará seu posto de ser único no mundo.

Quando queremos ser igual a alguém, matamos nossa identidade e nos tornamos réplicas. Uma joia rara não pode aceitar esse papel.

---

[1] Disponível em: <https://macmagazine.com.br/post/2008/12/12/transcricao-completa-do-maravilhoso-discurso-de-steve-jobs-na-universidade-de-stanford-em-2005>. Acesso em: 19 jun. 2023.

Por isso, convidamos você a refletir mais uma vez. Você tem entregado seu conteúdo? Já sabe qual é seu conteúdo? Qual conteúdo irá ajudar outras pessoas?

Com base no que falamos até aqui, você pode buscar algo que tenha relação com uma habilidade nata, com um assunto que você domina e do qual ama falar, com um resultado obtido ou com uma experiência de superação. O que hoje lhe parece banal pode ser o antídoto para curar uma dor no mundo, e é na consciência dessa simplicidade que pode estar guardado seu precioso conteúdo.

Convém ressaltar que em cada fase de nossa vida sempre haverá um desafio, e, para mudar de fase, como em um *videogame*, precisamos vencer o desafio da fase atual. Busque em sua memória as fases que você já venceu e prepare seu conteúdo.

É indubitável que outras pessoas estão enfrentando desafios semelhantes aos que você já superou e... adivinhe! Você é justamente a pessoa mais apropriada para ajudá-las a avançar para o próximo nível. Elas estão apenas esperando seu conteúdo, sua vivência e sua vitória para trilhar o caminho que você trilhou.

Você é como o jovem da história do concurso, com uma essência única e rara, e tem a missão de vencer desafios, ultrapassar limites, vencer seus leões, ursos e gigantes interiores e muito mais. Você tem potencial para ajudar outros a vencerem também. Aceita o desafio?

Então, se acesse e partilhe seu conteúdo único. Tente agregar valor todos os dias à vida de alguém com o poder que você carrega por meio de sua mensagem.

Então, seu conteúdo poderoso, pautado em princípios e valores, deve ser compartilhado a cada dia, por meio de sua missão, vocação e propósito, por meio de quem você é e do que faz e por meio de suas experiências, resultados, conhecimento, *hobbies*, assuntos que lhe trazem prazer, e assim por diante.

A cada novo conhecimento, a cada nova experiência, a cada nova percepção, você pode agregar valor à vida de alguém. Se distribuir conteúdo todos os dias, construirá um forte legado, que continuará vivo e ajudando as pessoas, mesmo após sua partida.

Aqui vai um aviso um tanto desconfortável: prepare-se, porque você vai morrer um dia, sem saber quando sairá de casa pela última vez.

TODOS NÓS TEMOS UM CONTEÚDO

Muitos não gostam de pensar no assunto e fogem dele. É natural que o cérebro tente se esquivar quando depara com a dor, mas a consciência de nossa finitude deve nos levar a fazer escolhas mais assertivas, a retomar caminhos, a ser rápidos em corrigir, amar, perdoar e entregar conteúdo.

Portanto, tente dizer com frequência a Deus, a você mesmo, aos seus pais, ao cônjuge, aos filhos, aos amigos, ao próximo tudo que você imaginava que teria anos para lhes ensinar. Porque todos os dias estamos nos despedindo.

1 A ferramenta a seguir lhe dará clareza sobre suas habilidades, vocação, missão, sobre seu "o quê" grandioso, sua essência, sobre o que você faz bem feito e os resultados obtidos, que lhe dão autoridade e consciência de seu conteúdo.

Minha missão é ser..

(Resposta à pergunta: *Se alguém ligar para seu melhor amigo, o que ele diria de suas qualidades positivas, que o definem?*)

... usando minha capacidade de..

(Resposta às perguntas: *O que você faz bem feito que o diferencia dos outros? Quando alguém o procura ou pede ajuda, o que está buscando em você?*)

... para ser lembrado como alguém que..

....

(Resposta às perguntas: *Se daqui a 30 anos alguém perguntar ao seu filho que legado você deixou, o que ele responderia? O que de mais importante sua mãe ou seu pai lhe ensinou?*)

A. Após preencher, ler e questionar se essas questões fazem sentido. Se não fazem, o que você mudaria? (Você pode mudar ou acrescentar palavras que fazem ou farão sentido para você.)

B. Acrescentar, alterar e ler até fazer sentido. Olhar para o futuro.

2 Faça uma lista das vitórias que você obteve até hoje (superação de um problema, da morte, de uma doença, de um vício, de algum medo, de uma crise conjugal ou financeira, e assim por diante). Não se cobre demais: mesmo suas vitórias mais simples podem fazer grande diferença na vida de alguém.

3 Comece a entregar hoje mesmo esse conteúdo. Você pode começar pelos mais próximos. Não espere aprovação nem holofotes, mas por certo muitas vidas serão transformadas e curadas, mesmo que não seja no momento de entrega. Mais cedo ou mais tarde, eles se lembrarão da história, das frases, e encontrarão sentido (especialmente seus descendentes, que em algum momento usarão esse conteúdo para se inspirar, seguir e vencer). Espalhe seu conteúdo, pois o mundo precisa dele!

CAPÍTULO 5

As vozes

> Se você acha que pode ou que não pode fazer
> alguma coisa, você tem sempre razão.
>
> HENRY FORD

Um conteúdo a ser aplicado

Sabe aquelas vozes que ouvimos e pelas quais nos deixamos influenciar, aqueles comentários que tiram nosso fôlego de vida, que nos fazem sentir diminuídos, desvalorizados?

Pois bem, se você quiser avançar para o futuro merecido e para a vida abundante e plena que o aguarda, terá de se libertar dessas vozes.

Até aqui falamos de preparação, de começar pelo "o quê", de autorresponsabilidade e do fato de todos termos um conteúdo. Ocorre que para dar continuidade à sua preparação, para se manter ativo e com convicção em seu "o quê", para ter autorresponsabilidade e avançar com seu conteúdo, será necessário — imprescindível, diríamos — fazer cessar algumas vozes e ativar outras.

Portanto, este capítulo, assim como os outros, não pode ser apenas lido, mas absorvido e aplicado a cada dia, pois todos nós temos vozes que precisam ser caladas e outras que necessitam ser externalizadas. Vamos aprender a classificar as vozes do Acusador e Impostor e suas origens externas e internas.

Vamos lá?!

Ruídos na comunicação

Ruídos na comunicação são barreiras que interferem na comunicação efetiva ou a impedem.

Assim, iremos interpretar esses ruídos ou interferências como vozes enfraquecedoras.

Esses ruídos podem ser constantes, intermitentes ou de grande impacto.

Trataremos como ruídos constantes aquelas vozes externas ou internas que a todo momento ou de modo frequente se manifestam e tomam conta de nós.

Consideraremos ruídos intermitentes aquelas vozes que de tempos em tempos nos assombram e surgem para limitar nosso avanço na hora de tomar determinadas decisões, por exemplo.

Por fim, ruídos de impacto são vozes que ouvimos e parecem capazes de nos fazer desmoronar. Esses ruídos possuem uma grande capacidade de nos destruir, pois por meio de gatilhos mentais nos levam a memórias doentias, dolorosas ou traumáticas.

Esses tipos de ruídos podem ser interpretados como sentimentos de culpa, de arrependimento, de cobrança ou mesmo aquelas mensagens tóxicas que ouvimos dos outros ou repetimos para nós mesmos. Eles atrapalham e embaraçam a mensagem verdadeira ou saudável, que chamaremos de "vozes fortalecedoras".

Se houver muito barulho ou interferência (ruídos) em uma conversa, por exemplo, a interpretação correta da mensagem pode ser prejudicada e culminar em interpretações distorcidas ou incompletas.

A frequência e o impacto dessas vozes enfraquecedoras prejudicam nossa compreensão, nossa essência, nosso amor-próprio, nossa identidade, nosso futuro e até nossa história.

Por isso, convidamos você a identificá-las por meio de um exercício simples: toda vez que ouvir um ruído, uma voz enfraquecedora em sua mente, escreva num bloco de papel ou no aplicativo de notas de seu celular a frase limitante que sua mente reproduziu.

Esse exercício o ajudará a trazer para o consciente a frequência e o impacto dessa voz. Não podemos tratar ou curar aquilo que desconhecemos. Só teremos poder de decidir pela mudança se estivermos conscientes do problema, como explicaremos ao longo deste capítulo.

A voz do acusador

Sobre as vozes emitidas, começaremos a falar sobre a voz do acusador. Trata-se de uma voz enfraquecedora e limitante, um ruído que tenta

AS VOZES

a todo custo nos paralisar. Ela refresca sua memória, mas faz você se lembrar de tudo que não deu certo em sua vida, de todo "não" que você ouviu, de todas as frases que o diminuíram.

Essa mesma voz segue tentando fazer que você jamais se esqueça do que fez de errado ou do que outras pessoas fizeram de errado com você, das oportunidades que perdeu, das culpas e traumas que vivenciou.

A voz do acusador também tenta nos paralisar pelo medo provocado por uma memória enfraquecedora, pelo medo decorrente da dor, de que tudo aconteça de novo ou do próprio novo ou pelo medo de não termos experiências ou histórias de sucesso em determinada área.

Assim, a voz do acusador tenta nos paralisar pelo medo do fracasso ou pelo sentimento de incapacidade ou dizendo que algo não é para nós, que não merecemos.

Muitas vezes, justamente a ausência de vitória em determinadas situações leva-nos a internalizar essas vozes e a considerá-las verdadeiras.

Por exemplo, a criança que, em um ambiente desprovido de amor, cresce ouvindo que é "burra" ou "lerda" ou que "não faz nada direito" tem a mente programada para se sentir incapaz e não merecedora de alcançar objetivos e de realizar sonhos.

A programação mental que a leva a se sentir inferior não permite que ela reconheça suas vitórias, mesmo na fase adulta, e a consequência disso é que ela, com medo de avançar e de enfrentar desafios, é impedida de viver aquilo para o qual nasceu, pois seu cérebro não encontra histórias de sucesso nas fases anteriores. Pelo contrário, ao buscar lembranças para saber se possui "requisitos" para vencer o novo desafio, acaba encontrando memórias de fracasso que a convencem de que ela "realmente" não pode avançar ou não é digna do sucesso.

Outro exemplo de medo que impede a pessoa de avançar ou lhe causa mais dor é a experiência de ter sido traída. Ela passa a ter dificuldade para confiar em alguém e assim se mantém em alerta, com a sensação de que algo ruim irá acontecer em seu novo relacionamento. Desse modo, a conexão com as pessoas torna-se superficial, e ela busca refúgio na zona de conforto.

Sim, porque a zona de conforto não é o lugar de quem tem medo de fazer algo novo, mas o lugar de quem tem medo de que tudo aconteça de novo.

A pessoa traída tende a pensar que todos os homens ou todas as mulheres são iguais e pode até fugir de outros relacionamentos, por medo de sentir a mesma dor vivenciada em um relacionamento anterior.

Tudo que colocamos em foco cresce aos nossos olhos. Por isso, se nos concentrarmos na traição, criaremos com nossos pensamentos um campo de energia, como explica a física quântica, já mencionada em um capítulo anterior, que atrairá ainda mais daquilo que nos causa medo.

Desse modo, se a pessoa se unir a alguém com esse medo, alimentando e recebendo essas vozes, mesmo que ele jamais tenha pensado em traí-la, esse foco pode vir a se tornar um fato.

Cabe aqui explicarmos etimologicamente o termo que associamos a essas vozes. A palavra "satã", de origem hebraica, significa "adversário", e para alguns representa a voz da acusação. Esse termo deu origem ao nome Satanás. Da mesma forma, a palavra "diabo", de origem grega, significa "o que desune", "caluniador".

Usamos os dois termos aqui para conscientizá-lo da origem dessas vozes de acusação e de desunião, que nos limitam e nos afastam de nosso propósito e de nós mesmos.

Desse modo, as vozes da acusação devem ser silenciadas a todo custo. Não podemos permitir que a voz de Satã, nosso adversário, faça morada em nós.

Não podemos aceitar esses ruídos, as vozes internas de Satã que rodeiam nossos pensamentos. Elas começam como sussurros, mas a pouco a pouco crescem em volume até destruírem nossa essência e nossa identidade e nos afastarem de nosso futuro merecido.

Por isso, quando acusamos, julgamos ou culpamos alguém, estamos assumindo a voz de Satã, no sentido da palavra. Da mesma forma, quando propagamos fofocas ou histórias que desunem e destroem as pessoas, estamos sendo diabólicos. O mesmo ocorre quando difamamos ou mentimos. Esse papel deve ser abandonado.

As vozes do acusador provocam medo, culpa, ressentimento, julgamento, discórdia, desunião, desmerecimento, crenças limitantes, falta de amor-próprio e, como já vimos, podem emanar tanto do outro quanto de nós mesmos. Elas nos separam de nossa essência, nos fazem desistir ou nos impedem de prosseguir em nossa preparação e na busca de nosso "o quê", de nos tornarmos autorresponsáveis e de transmitir nosso conteúdo.

Tomamos posse da voz da acusação quando deixamos de ser autorresponsáveis.

É a voz de Satã que emitimos quando culpamos os outros pelo maus resultados em nossa vida.

É a voz diabólica da desunião que massifica o divórcio como algo natural, destrói famílias, fomenta brigas e ressentimentos e nos incita a apontar os dedos para o outro e para nós mesmos.

Por isso, precisamos silenciar a voz do impostor para mudar a frequência de nossa vida e avançar rumo ao que merecemos viver.

A voz do impostor

Essa voz tenta fazer você acreditar que não é capaz, inepto, que determinada coisa ou resultado não é para você.

A voz do impostor pode ser cessada quando celebramos as vitórias, pois uma vitória só é reconhecida pelo cérebro quando é comemorada.

Além disso, não importa o "tamanho" da conquista: o cérebro não reconhece uma vitória por ela ser grande, e sim por ser uma vitória. Por isso, pequenas vitórias também precisam ser celebradas, porque nos dão legitimidade para avançar!

A celebração pode ser algo simples, como tomar um suco ou uma taça de vinho com alguém, comer um macarrão instantâneo ou mesmo dar uma festa. Mas tem de ser algo que você goste de fazer, que faça sentido e esteja ao seu alcance, ou seja, algo possível de realizar com os recursos de que você dispõe no momento.

A pessoa que reconhece e celebra suas vitórias, mesmo as menores, consegue avançar porque, diante de um novo desafio, seu cérebro encontra na experiência de uma vitória anterior uma validação para seguir adiante.

Desse modo, alguém com dificuldade para falar em público, por exemplo, pode se desenvolver entregando seu conteúdo a um amigo próximo, evoluindo para pequenos grupos, avançando em cada etapa até obter confiança suficiente para falar a multidões ("preparação").

É certo que a cada etapa é preciso reconhecer a vitória na fase anterior. Por isso, lembre-se: para se sentir legítimo e continuar avançando, mude de fase apenas quando tiver obtido uma vitória na fase anterior e celebre cada vitória, cada etapa, cada degrau vencido!

Celebrar é como construir um legado interior, é criar a mensagem interna de que você pode e vai além! E, no futuro, seu cérebro usará as vitórias celebradas para silenciar as vozes e obter confiança, convicção e paz para enfrentar novos desafios.

Assim, convidamos você a pôr em prática o que aprendeu até agora. E que tal começar hoje mesmo?

Para isso, questione seus medos, um de cada vez: "Qual a origem desse medo?"; "O que deu origem a ele?"; "Quanto desse medo é real?".

Já parou para pensar que o medo que está tentando intimidá-lo ou paralisá-lo não é seu, mas de outra pessoa que passou por um trauma e, de alguma forma, compartilhou essa experiência com você? Já se deu conta de que isso não significa que você irá passar pela mesma situação? Se você começou a sentir medo por algo que já viveu, isso não significa que essa experiência irá se repetir. Dê um novo significado ao que lhe fez mal, pois o medo é aprendido: ele não nasceu com você.

Pense em algum erro que você já cometeu e que talvez ainda sinta culpa. Tente entender onde você errou, sem justificativas, assuma a responsabilidade por esse erro e se perdoe. Entenda também que você pode seguir em frente sem essa culpa e que em uma próxima oportunidade poderá agir melhor. Lembre-se: nenhum erro, não importa se cometido em um passado próximo ou distante, define quem você é! Você pode se tornar ainda melhor por meio do aprendizado que o erro pode trazer.

Escolha uma atividade simples que você precise executar esta semana (pode ser parte de uma atividade maior, dividida em etapas). Quando concluir, celebre — se possível, no mesmo dia ou na mesma semana. Você pode começar organizando uma gaveta ou parte de seu guarda-roupa, por exemplo. Comece com algo simples.

Celebre cada etapa concluída. A celebração pode ser simples, como já dissemos, desde que haja intencionalidade, ou seja, fazer o que gosta e que lhe seja acessível com a intenção de tornar sua vitória registrada de forma significativa na memória. São inúmeras as formas de celebrar. Você pode celebrar viajando ou mesmo sem sair de casa — assistindo a um filme, ouvindo uma canção, tomando um chá especial, contemplando uma paisagem, caminhando pelo bairro, degustando seu prato preferido, conversando com uma pessoa querida, cantando, tocando um instrumento musical, pintando uma tela, jogando *videogame*, dominó ou baralho, descansando na rede, andando de bicicleta, e assim por diante.

Com esse conhecimento e com as estratégias que compartilhamos com você neste capítulo, queremos encorajá-lo a silenciar as vozes, de modo que você se torne um colecionador de vitórias. Vamos lá, é hora de entrar em ação!

Identificando as vozes

Vozes externas

Vozes externas são as palavras que escutamos de outras pessoas, é todo conteúdo que chega a nós emanado do outro.

Registre-se antes de tudo que somos mais afetados ou influenciados pelas vozes daqueles que mais amamos e/ou daqueles com quem temos mais intimidade.

Não podemos deixar de mencionar, mais uma vez, a importância das vozes emitidas pelos pais com relação aos filhos durante toda a vida, mas especialmente na infância, pois nessa fase tão importante para a formação da personalidade e a moldagem do caráter, tendemos a acreditar — em grande parte pela própria ingenuidade inerente à infância — em tudo que nos dizem.

Se os pais disserem à criança que ela tem superpoderes e pode voar, não é de estranhar que ela pule de um prédio, tal a confiança naqueles que lhe deram a vida. Por isso, devemos ter muito cuidado com as falas e os rótulos que impomos à criança.

Outras vozes de grande influência são as de pessoas que exercem alguma forma de autoridade sobre nós. Além dos pais e responsáveis, podemos citar nossos mestres, professores, líderes religiosos, médicos, chefes, atores ou blogueiros.

Quanto maior a ligação que temos com as pessoas, por intimidade, autoridade ou admiração, maior a possibilidade de que as palavras emitidas por elas se internalizem em nós como verdades e se tornem vozes internas.

Mais uma vez, vamos falar do "ser, fazer e ter", para uma melhor compreensão deste capítulo.

Se ouço ou falo que sou lerdo, bobo, burro, perdido, bagunceiro, sem educação ou violento, absorverei algo que diz respeito a quem eu sou, ou seja, à minha essência. E quando essas frases são emitidas após determinado comportamento, elas tendem a reforçar e exemplificar a afirmativa negativa feita a nós ou que fizemos às crianças.

Por exemplo, diante de um quarto bagunçado ou de uma mesa de trabalho em desordem, podemos dizer de nosso filho ou de um colega: "Como você é desorganizado!", quando poderíamos dizer: "Você é incrível, mas quando deixa tudo jogado, seu comportamento é o de uma pessoa desorganizada, o que não é compatível com quem você é"; ou: "Entendo que você espalhou as coisas para brincar/para procurar algo. Então, como você é organizado, arrume tudo depois que terminar de brincar/procurar".

Percebe a diferença?

Na primeira assertiva, falamos do "ser": "Você *é* desorganizado".

Na segunda e na terceira, tratamos de comportamentos, que diz respeito ao "fazer" — não atingimos a essência.

Talvez você esteja pensando: "Ele não vai arrumar nada, isso é besteira". Mas se você o rotular como bagunceiro, ele irá? Obviamente, não.

Além disso, é bem possível que, após validarmos a essência ("Você é incrível"), a pessoa corrija seu comportamento, pois demos a ela um caráter a ser zelado.

Não estamos falando aqui de obediência, mas de sermos assertivos com os outros, inclusive com as crianças. E, pasme, independentemente da idade, eles entenderão e registrarão tais premissas no inconsciente.

Mais uma vez, se rotularmos alguém, após um momento de nervosismo, dizendo: "Você é muito nervoso", reforçaremos algo com "provas reais", como se fosse a essência dele, não sua conduta (que estaria no âmbito do "fazer").

Com isso, ele irá acreditar que nasceu daquele jeito, que é nervoso e que, portanto, não há o que se possa fazer: ele *é* assim. Mas se ele entender que se trata de um comportamento, ligado ao que está fazendo, terá a opção de mudar sua conduta.

Além disso, se ele acreditar que é nervoso, começará a reagir com nervosismo a outras situações, com resultados (esfera do "ter") maléficos, tudo por causa de uma conduta decorrente de um rótulo que lhe foi imposto.

AS VOZES

Da mesma forma, se em um grupo houver alguém mais detalhista, mais lento e o rotularmos como lerdo, a tendência é que ele internalize essa fala como uma verdade e passe a agir de maneira mais lenta nas demais atividades que tiver de executar.

Convém ressaltar que algumas pessoas não replicam essas frases por maldade. Muitas vezes, elas aprenderam dessa forma, ou se trata de um comportamento impulsivo e reativo.

Freud dizia: "Quando Pedro me fala de Paulo, fico sabendo mais de Pedro que de Paulo". Na maioria das vezes, o que dizemos de negativo a respeito de alguém diz muito mais sobre nós que sobre ele.

Uma forma de nos livrarmos dessas vozes externas é entender que o que o outro fala diz respeito apenas a ele, relacionado com uma dor, uma experiência negativa, um estado emocional enfraquecedor ou inadequado ou com a maneira em que foi criado.

Se estivermos cientes de que as vozes externas dizem respeito ao outro, conseguiremos nos livrar do ato de absorver essas palavras negativas e tomá-las como verdades.

Esse exercício nos tornará até mais empáticos como nosso ofensor, pois estaremos desvencilhados daquelas frases.

Se você é um pé de laranja, não precisa provar que não produz limão, porque sabe quem é, e está tudo bem se o outro não acredita. Não importa o que o outro pensa, mas o que você sabe a seu respeito.

Às vezes, sentimos que precisamos fazer algo, sair do lugar, mas somos limitados pelas interpretações negativas do que ouvimos.

Isso ocorre, por exemplo, quando recebemos uma mensagem escrita e colocamos nossas entonações de acordo com o que estamos sentindo no momento, sem real clareza do que a outra pessoa quis de fato expressar.

Pode ocorrer também quando um trabalho não ficou muito bem feito e ouvimos que não sabemos fazer "nada direito". Provavelmente, a pessoa usou uma frase "genérica" para se referir a uma situação específica, ou proferiu tais palavras por hábito, ou ainda replicou algo que ouviu relacionado com uma dor ou com algum critério subjetivo de avaliação. Todavia, se guardarmos essa fala, corremos o risco de acreditar e passar a fazer, de modo inconsciente, outras atividades com menos empenho, por nos sentirmos limitados.

Daí a importância de validarmos a essência do outro, bem como a nossa essência e a de nossos filhos. Devemos dispensar aquelas frases enfraquecedoras triviais, como "sou perdido", "sou lerdo", "sou burro", "sou pobre", e assim por diante.

Nosso cérebro acredita na história que contamos a ele. Essa máquina perfeita não consegue distinguir fantasia de realidade. É por isso que você talvez tenha se emocionado quando assistiu pela segunda vez àquele filme dramático, mesmo já sabendo que o mocinho iria morrer.

Se insistirmos em dar atenção às vozes negativas e em acreditar no que elas dizem, caminhos neurais serão criados e reforçados fala após fala. Assim, na busca de "coerência" com essas vozes, passaremos a ter ("fazer") atitudes que as reforçam, e os resultados ("ter") de nossa vida estarão atrelados a esses "comandos". Cresceremos acreditando nessas vozes e nas histórias que elas nos contam.

Por conta disso, quantos adultos com grande potencial se julgam incapazes ou fracos e desistem de seus sonhos, por acreditarem que são bobagens. Eles absorvem essas vozes externas e as internalizam, de modo que passam a formar crenças negativas que eles mesmos reproduzem para si. Vivem uma vida medíocre, pois acham que não merecem viver nada melhor, que nasceram pobres e morrerão pobres, e assim por diante.

Vozes internas

Acredite, ainda que existam vozes, a única pessoa com poder de filtrar, receber e internalizar essas vozes e transformá-las em crenças limitantes é você mesmo.

AS VOZES

Nascemos "desprogramados", com o instinto de sobrevivência, dependentes de alguém que cuide de nós. Aliás, se não fosse assim nossa espécie não sobreviveria.

Nossa essência é poderosa, mas a pergunta é: por que vamos perdendo essa essência ao longo do caminho? Porque vamos ouvindo vozes enfraquecedoras e permitimos que elas tomem conta de nós. Não só deixamos nossa mente extraordinária ser contaminada com esses ruídos, como passamos a replicá-los internamente.

É sabido que as crianças absorvem muito conteúdo e aprendem as coisas rapidamente, e acreditamos que isso se dá também porque ainda não sofrem tanta interferência das vozes.

A criança, quando começa a andar, cai, cai e cai de novo, até encontrar o equilíbrio e aprender essa difícil habilidade. Mas imagine se começássemos a andar só depois de adultos. Sem dúvida, a maioria de nós estaria engatinhando, pois no meio do percurso muitos acreditariam serem capazes de tamanha habilidade.

O ser humano nasce como uma folha em branco; então, se um colega consegue ser médico, ator, cantor ou jogador de futebol ou passar em um concurso, você também consegue. Basta acessar sua essência, treinar e persistir até que essa realidade seja possível.

Sem dúvida, algumas pessoas terão mais facilidade para realizar determinada tarefa, por causa de suas habilidades natas. No entanto, todos nós, com nossa essência divina, podemos ser o que quisermos, basta querer de verdade.

Os bebês elefantes levados ao circo tinham os pés amarrados por uma corda. Eles tentavam a todo custo se livrar das amarras, porém não conseguiam. Depois que se tornavam adultos, tinham, sem dúvida, força suficiente para se libertar, mas nem tentavam, porque cresceram acreditando que não eram capazes. Esses são os efeitos das vozes externas que ouvimos e internalizamos, os efeitos das crenças limitantes que permitimos nos acompanhar e nos moldar ao longo da vida.

Quantos de nós estão amarrados com as cordas das vozes enfraquecedoras que ouvimos e aceitamos como verdades?

Se seu melhor amigo começasse diariamente a falar mal de sua voz e de sua postura, se ele criticasse seu corpo, sua roupa e as bobagens que você diz, se afirmasse que determinado restaurante não é para seu nível, que você faria? Continuaria dando ouvidos a ele?

Então, por que você se permite falar mal de você mesmo todos os dias, várias vezes por dia? Por que se critica e se cobra tanto? Porque se reprova e não se sente digno nem merecedor de ir para o lugar de abundância que você merece? Não é justo que você se permita acabar com sua grandeza, com seu potencial.

Às vezes, ao ouvirmos frases desabonadoras sobre alguma de nossas características físicas ou sobre nossa essência, internalizamos esse conteúdo e passamos a ter problemas de autoestima e de confiança, entre outros, porque internalizamos essas vozes, abrimos mão de nossa essência e assim nos afastamos de nós mesmos e, consequentemente, de onde podemos chegar.

No filme *O rei leão*, o filhote Simba internalizou a voz da acusação de seu tio Oscar e por isso vivenciou uma forte crise de identidade. Por esse motivo, fugiu de seu reino após a morte do rei, seu pai, e foi comer grama com um javali e um suricato. O reino do qual Simba era o sucessor passou a ser governado por Oscar, que destruiu a atmosfera e pôs todos os subordinados em uma difícil situação.

Quando abrimos mão de nossa identidade e começamos a exercer um papel que não é o nosso ou quando reinamos no reino de outro, nosso reino fica a descoberto, e muitos pagarão o preço dessa negligência. Que nossas vozes internas jamais nos afastem do lugar que devemos ocupar!

Lembremos que o próprio Cristo foi rotulado com diversas vozes, mas ele sabia quem era e para onde estava indo, por isso a opinião dos outros não o deformava — até porque ele sabia que aquelas vozes provinham de pessoas cuja essência era doentia e tinha piedade delas ("Pai, perdoa-lhes, porque não sabem o que fazem"). Assim, caminhou calado para a cruz, como um cordeiro mudo indo para o abate.

Era justamente por estar conectado a Deus, por ter conhecimento da própria identidade e por conhecer o outro, com base nas próprias limitações e na própria história, que Jesus tinha a mente blindada e não permitia que as vozes o acossassem.

Se não acessarmos o poder que carregamos, negligenciaremos a Deus, que vive em nós. Se nós, que fomos feitos à imagem e semelhança de Deus, nos acharmos indignos, desmerecedores e fracassados, é porque não entendemos o verdadeiro poder de Deus que está em nós.

É hora de parar de miar e começar a rugir. Não aceite essas vozes e tome posse de sua essência como filho do Criador.

Flores ou ervas daninhas?

Que as palavras que saiam de nossa boca sejam fortalecedoras na vida das pessoas à nossa volta, rotulando a essência delas de modo sincero e consistente e fazendo que verdadeiramente acreditem na pessoa maravilhosa que são (todos nós somos essencialmente maravilhosos, criados à imagem e semelhança de Deus).

Assim, contribuiremos com a criação de caminhos neurais fortalecedores sobre a vida dos outros, de modo que nossa conduta será de espalhar bênçãos por onde passarmos.

Essa postura também é uma forma de fazer cessar as vozes enfraquecedoras e de sermos nós mesmos portadores de vozes fortalecedoras da vida alheia.

Imagine que você está nervoso, e alguém — seu filho, seu cônjuge, um conhecido — lhe faça uma pergunta inconveniente nessa hora imprópria. Então, você despeja sobre ele todo o seu nervosismo, em uma reação desproporcional.

Se depois disso você disser: "Faço tudo errado"; "Sou impulsivo"; "Meu caso não tem solução", e por aí afora, permitindo que a voz do acusador use sua boca e depois sua mente — você acusa e se acusa. E qual o efeito dessa conduta? Sem dúvida, essas vozes irão dominá-lo e acabar com você e com as pessoas à sua volta.

Todavia, se você disser a você mesmo: "Sim, eu falhei, mas não tenho compromisso com o erro. Estou decidido a ser melhor". Na correção da rota, você declara para a pessoa que a admira, que não queria magoá-la, pede desculpas e diz que irá cuidar para que isso não ocorra mais vezes. Acrescente a menção de um ponto forte da essência dela e um elogio sincero.

Consegue perceber o resultado de cada uma das duas condutas? Qual das duas posturas você fortaleceria?

Certo lavrador tinha uma horta que ficava um pouco distante de sua casa, e todos os dias ele enchia um balde de água e ia regar as verduras. Justamente no trajeto entre a casa e a horta, havia um caminho florido, cheio de borboletas e de cores. Um dia, o lavrador percebeu que havia um pequeno furo no balde, que sempre o fazia perder um pouco de água antes de chegar à horta. Então, ele substituiu o balde furado. Algum tempo depois, porém, percebeu que o belo caminho que percorria todos os dias perdera sua cor. As flores haviam secado, e as ervas daninhas tomaram o lugar delas. O que teria acontecido? Depois de pensar bastante, chegou à conclusão de que a água que escorria do balde irrigava o solo naquele trajeto. Ao trocá-lo por um balde novo, as flores deixaram de receber água e morreram.

Quando proferimos palavras positivas sobre nossa vida e sobre a vida do outro, enfeitamos o caminho por onde passamos, distribuímos a seiva da vida e do amor ao próximo, ao passo que, ao reter palavras positivas para o outro e para nós mesmos, tornamos nosso trajeto e o do outro um lugar de sequidão e de pragas. No exemplo anterior, qual das duas atitudes criaria um caminho florido à sua volta?

Naturalmente, a mudança é um processo: não será do dia para a noite que você acordará diferente. O resultado que você espera será construído dia após dia, todos os dias. Esse deve ser seu compromisso.

Podemos comparar o processo de mudança àquele caminho florido. Se plantarmos sementes de flores e as regarmos, nas condições adequadas (saudáveis) o resultado parecerá irrelevante por um tempo, invisível aos olhos.

Todavia, se em vez de desistir, por não vermos efeitos imediatos, continuarmos regando e cuidando do jardim, um dia iremos acordar e deparar com belas plantas brotando. Portanto, tenha paciência e compromisso com a mudança. Entenda o processo.

Se algum comportamento quiser destruir o jardim, se surgirem pragas e você estiver atento, saberá como impedir que elas cresçam e prejudiquem as flores.

As pragas são nossos erros, e eles vão aparecer vez por outra. Por isso, aceite o erro com naturalidade, mas seja rápido em corrigi-lo. Não permita que as pragas cresçam, se multipliquem e destruam seu jardim.

AS VOZES

Todos nós vamos cometer erros, mas devemos firmar um compromisso e decidir pela mudança — desculpando-se, retomando a rota e reconstruindo o caminho florido.

Esse exercício, especialmente com relação ao outro, é bem desconfortável, mas necessário para onde você está indo.

Então, perguntamos: é fácil ou difícil? Muitos responderão: "É muito difícil". Mas insistimos: é possível ou impossível? Obviamente, é possível.

Portanto, é difícil, mas possível, de modo que o poder de mudança está em suas mãos.

Exerça seu poderoso livre-arbítrio, derrame a seiva da vida por onde passar e não permita que seu jardim venha a morrer. Cuide bem dele, ame-se e lance palavras positivas a seu respeito e sobre sua vida, seu futuro e as pessoas à sua volta.

Lembre-se: somos responsáveis por toda consequência que emana de nossa boca e de nossos atos, por isso decida agora silenciar essas vozes e deixar de ser portador de vozes de acusação.

Temos tanto o poder da erva daninha quanto o poder das flores. A decisão depende do que você decide despejar do balde.

Como recebemos essas vozes

Somos aquilo que pensamos de nós mesmos. O que pensamos de nós molda nossa vida.

T. Harv Eker, em *Os segredos da mente milionária*, diz: "Pensamentos conduzem a sentimentos. Sentimentos conduzem a ações. Ações conduzem a resultados".

Logo, o que pensamos de nós afeta diretamente nossos resultados. O que internalizamos e acreditamos passa a fazer parte de nós.

Assim, se alimentamos nossos pensamentos com vozes enfraquecedoras, nosso cérebro, que é bioquímica e eletricidade, liberará hormônios que irão envenenar nosso corpo e nos deixar tensos, preocupados, estressados.

Então, perceba o poder de acessar e dosar de modo sadio os hormônios produzidos pela mente, por meio das vozes que internalizamos e replicamos para nós mesmos.

Temos uma máquina poderosa, que muda nosso estado emocional e nossas ações e reações. Portanto, pensamentos não são inofensivos nem podem ser ocultados.

Talvez por isso Freud tenha dito: "Nenhum ser humano é capaz de esconder um segredo. Se a boca se cala, falam as pontas dos dedos".

Para entender um pouquinho o que acontece dentro do cérebro humano, é importante saber como algumas partes funcionam. Para isso, usaremos as explicações da admirada neurocientista Carolina Leaf, que constam no livro *Ative seu cérebro*.

Ela ensina que, ao recebermos um estímulo (que aqui chamaremos "voz externa") ou uma voz interna ("sinais"), isso resultará em pensamentos inconscientes, que passam ao consciente.

Esses pensamentos se parecem com árvores (imagine a foto de um neurônio cheio de ramos) em uma floresta. Os sinais recebidos passam por eles como o vento e ativam de quatro a sete memórias.

Portanto, ao recebermos um estímulo (de uma voz enfraquecedora, por exemplo), nossos pensamentos atravessam essa floresta de memórias, e se o registro em nosso inconsciente for de dor, raiva, fraqueza ou rejeição, entre outros, iremos interpretá-lo de modo negativo.

Uma moça se sentiu tão mal por ter sido deixada de fora do grupo de WhatsApp formado por alguns colegas da empresa que pediu demissão. Quando lhe perguntaram o motivo, ela revelou que sofrera *bullying* na escola por causa da cor da pele e se achava diferente por causa de suas condições financeiras.

Obviamente, aquele estímulo (conhecimento de que não fora incluída no grupo) gerou uma voz enfraquecedora, que atravessou como um vento as memórias inconscientes da "floresta" que ela regava e, ao passar para o consciente, trouxe as marcas daquelas lembranças negativas, as quais lhe diziam que ela era diferente e indigna.

São essas vozes, especialmente as que ouvimos na infância, que compõem, as memórias e devem ser destruídas a todo custo.

Se alimentarmos de modo constante um pensamento, ele irá mudar sua forma e ficará com um formato mais robusto, como a árvore maior e mais poderosa de nossa floresta mental.

AS VOZES

Depois de alguns dias praticando os mesmos pensamentos, a tendência é que ele se fortaleça. Todavia, tanto as lembranças de curto prazo quanto as de longo prazo podem ser substituídas e destruídas.

Ainda com relação ao que ocorre em nossa mente quando recebemos uma voz enfraquecedora, vale mencionar que essa voz ou sinal ativa uma memória inconsciente ao atravessar nossa floresta mental e a impulsiona a passar para o consciente. E logo, como reação, atitudes são invocadas.

Para isso, o hipotálamo, considerado o coração pulsante do cérebro, irá liberar substâncias para a construção das respectivas memórias e emoções decorrentes dos sinais que recebemos.

Então, a amígdala é ativada no cérebro. Ela age como uma bibliotecária, que irá reunir e armazenar as percepções emocionais, além de criar novas percepções.

Por fim, todas essas informações adentram o hipocampo, que classificará as informações (memórias) como de curto ou de longo prazo.

É assim que os pensamentos passam a se tornar parte de quem somos.

Quando ficamos ansiosos ou preocupados diante de uma voz que recebemos, o hipotálamo libera doses de substâncias químicas maiores que o normal. Isso provoca um caos neuroquímico e acarreta pensamentos nebulosos. Mas quando interpretamos a voz de modo adequado, mudamos a forma de receber a mensagem, e o hipotálamo passa a liberar hormônios que trazem clareza de pensamento.

Portanto, é cientificamente provado que, ao receber as informações, podemos, com o uso de nosso livre-arbítrio, rejeitar os pensamentos ativados, mudar sua interpretação, deixar de internalizá-los e impedir que se alojem em nossa mente.

Consegue perceber com é o complexo fluxo da internalização de crenças limitantes e das vozes enfraquecedoras? Elas entram em nosso mundo consciente e também no inconsciente e começam a ditar as regras.

Assim, entender o poder de pensar positivo, blindar a mente, nos conhecermos verdadeiramente e renunciar a essas vozes nos faz viver de um jeito novo, com novas sensações e emoções. A memória saudável nos fortalece, nos leva a ter outra vez as sensações daqueles momentos passados sem vivê-los ou mesmo já os tendo vivido.

Feche os olhos agora e pense em um momento de grande alegria em sua vida; então, observe sua fisionomia, suas sensações e seu sorriso. Nesse momento, em fração de segundo, você ativou exatamente todas as partes de seu cérebro de que tratamos acima e mudou seu estado de espírito.

Quando vozes limitantes quiserem ocupar sua mente e iniciar o processo de passar por sua floresta mental, antes de seu hipotálamo enviar hormônios com sensação e emoção, diga a você mesmo: "Eu sou incrível". Sinta então o prazer de dizer essa frase, a satisfação decorrente dos hormônios do prazer liberados nessas vozes de poder.

Como forma de silenciar uma voz enfraquecedora, ao ouvir de alguém algo negativo a seu respeito, renuncie mentalmente a essa voz e pense: "Isso diz respeito a ele, ao que ele está sentindo e do que está cheio. Ele está nervoso e precisa desabafar. Não diz respeito a mim. Eu sou incrível!".

Depois de se libertar dos rótulos e em posse da sua autorresponsabilidade sobre seus erros, reflita: não é esse o propósito desse exercício torná-lo uma pessoa negligente e sem noção das consequências de suas atitudes. Bom senso e equilíbrio sempre serão as medidas.

Ainda como ferramenta fortalecedora e útil para silenciar as vozes enfraquecedoras, valide diariamente quem você é fazendo afirmações positivas a seu respeito.

Todas as noites, antes de dormir, repita frases fortalecedoras sobre você e seus compromissos com você mesmo.

Você pode criar suas frases, mas registraremos aqui uma assertiva fortalecedora para lhe apoiará nesse processo: "Eu fui criado à imagem e semelhança de Deus, eu sou incrível! Eu decido ser melhor a cada dia, corrigir e me desculpar quando errar. Não sou meus erros, não tenho compromisso com eles. Estou indo rumo à vida de abundância que me espera logo ali".

Faça esse exercício diariamente e construirá memórias fortalecedoras, silenciando as vozes que tentam limitá-lo. Também destruirá aquela floresta de árvores robustas (memórias) e construirá um caminho neural saudável.

Sugerimos que esse exercício seja feito momentos antes de dormir, pois terá maior impacto no processamento da informação, uma vez que as últimas informações do dia são utilizadas como referência para o processo de associações das informações que foram produzidas ao longo do dia e serão armazenadas pelo processo de memorização.

Consegue perceber o poder disso?

Somos poderosos: conseguimos mudar, nos transformar. Nosso corpo é capaz de se curar e de produzir hormônios que trazem sensações. Conseguimos ir a lugares em pensamento, visualizar a vida que desejamos ou sentir a emoção de momentos vividos.

Possuímos essa caixa de ferramentas que nos permite mudar automaticamente as sensações e interpretações a respeito de algo, de alguém e das vozes. Então, acesse seu poder e recrie sua vida.

Decida produzir a seiva da vida e da saúde em seu interior, em vez de jogar veneno em sua corrente sanguínea com seus comandos mentais (aceitar vozes enfraquecedoras e gerar pensamentos que liberam hormônios destruidores).

Outras formas de silenciar vozes enfraquecedoras

Vamos começar contando a história de uma mulher que por muito tempo fez escolhas condenadas pela sociedade.

Helena morava em uma pequena cidade do Irã e, além de se prostituir e praticar alguns crimes sexuais pela lei daquele país, introduzia na prostituição outras mulheres em situação de vulnerabilidade.

Assim, por onde passava, ela era julgada por parentes, amigos, vizinhos e todos os que a conheciam. Certo dia, a polícia prendeu Helena, e ela foi levada a julgamento. Estavam presentes o juiz, boa parte da população da cidade, bem como familiares e mulheres consideradas vítimas de Helena.

Ocorre que, pela lei do país, há uma brecha para a absolvição. A pessoa prejudicada pelo acusado ou a família da vítima possui o poder de determinar se ele deve ou não ser executado. A sociedade estava eufórica, favorável à morte de Helena, urrando pela sua condenação.

Todavia, ao chegar o momento de as famílias e as vítimas se posicionarem, uma pessoa presente, muito respeitada na região, conhecia a história de vida daquela mulher, suas dores, suas origens e as intenções que ela carregava no coração e passou a falar com muita propriedade da conduta errada de muitos dos que ali estavam, também passíveis do mesmo tipo de condenação.

Foi determinada uma votação, e as vozes perderam o entusiasmo. As próprias vítimas, comovidas, ou talvez não tão vítimas assim, acabaram se posicionando pela absolvição de Helena.

O que mais chamou atenção do povo foi a mulher em que Helena se tornou. Até o dia de sua morte, ela honrou aquele voto de confiança. Deixou de cometer atos criminosos e passou a viver uma vida regrada por princípios e valores. Um incidente que lhe causou grande medo e expôs sua dor levou-a a se comprometer com a ressignificação de sua vida.

Era natural que desconfiassem dela, todavia ela decidiu calar definitivamente as vozes enfraquecedoras por meio de suas ações. Os outros acusados de ações condenáveis não abandonaram sua conduta inadequada, mantiveram a dureza de coração e a hipocrisia e continuaram emitindo vozes de acusação, mas Helena agora não ia se deixar deformar.

Assim como Helena, que teve uma história de superação e venceu literalmente as vozes acusadoras, você também tem a sua.

Não sabemos se suas escolhas o têm levado a ouvir acusações (vozes internas e externas) que possam intimidá-lo ou mesmo paralisá-lo no decorrer da sua caminhada. Por isso, independentemente de como está hoje, você precisa aprender a identificar e a silenciar essas vozes, caso elas se manifestem em algum momento. Por isso, apresentaremos algumas reflexões que irão ajudá-lo na identificação dessas vozes.

Pare um momento e reflita: você se sente intimidado ou paralisado pelo medo decorrente de alguma voz enfraquecedora? Sente culpa, remorso, peso na consciência por algo, e as vozes estão martelando esses sentimentos em sua mente? Tem ouvido ou já ouviu as vozes dizendo que você não merece aquilo que almeja, que não é para você ou que você não é capaz?

Você precisa identificar essas vozes e descobrir de que fatos elas surgiram. Registre essas informações para que possa acessá-las, trazê-las para o consciente e então resolvê-las.

Silenciar as vozes enfraquecedoras é mais simples do que você possa imaginar. Como vimos na história de Helena, quando ela decidiu ter comportamentos diferentes daqueles que a levaram a ser julgada (e você precisa

AS VOZES

entender isso), a nova ação foi responsável pelos novos resultados que ela obteve a partir daquele momento.

Portanto, você precisa ter consciência das vozes enfraquecedoras para então agir de maneira intencional, com o objetivo de silenciá-las.

Você conseguirá silenciar a voz do acusador ao resolver o passado e dar um novo significado a ele, porque, como já dissemos, em um momento de desafio, de decisão, em que temos de fazer uma escolha, a mente volta ao passado (às lembranças, para gerar interpretações), e se lá não houver histórias de superação, você terá medo de avançar, ao ouvir as vozes registradas em seu inconsciente.

É possível ressignificar abandonos, abortos, abusos, rejeição, traição, enfim todas as dores e vozes que nos impedem de avançar. E, quando realizado da forma correta, é como se com um toque de mágica nos libertássemos para sempre daquela dor e então pudéssemos ir em direção ao nosso futuro merecido.

Lembre-se, porém, de uma coisa: para ressignificar o passado, é preciso identificar qual experiência do passado precisa ser ressignificada, e quando ela for identificada, será lembrada. Ocorre que uma lembrança é uma reconstrução metabólica e emocional do passado. Ao lembrar, você vive novamente aquilo que aconteceu. Por isso, costumo dizer que, durante o ressignificar, "vai doer como nunca, para não doer nunca mais".

A frase é forte, não é mesmo? Imagine os efeitos reais sobre sua vida. É realmente libertador.

Portanto, em linhas gerais, após o ressignificar surge um sentimento de paz incomum, abundante, que nos capacita a tomar decisões de maneira assertiva, a realizar novas ações e a alcançar novos resultados — muitas vezes, muito acima do que esperávamos!

Passamos a enxergar o futuro com esperança e a perceber um mundo com infinitas possibilidades!

Chegou o momento de mergulhar em você mesmo, de identificar essas amarras e livrar-se delas. Fomos feitos para o topo, para a abundância e para a plenitude. Não devemos jamais acreditar nos rótulos que recebemos nem nas frases limitantes que ouvimos.

Por isso, faça o seguinte:

- Escreva o que lhe vier à mente sobre rótulos e frases enfraquecedoras ouvidos na infância ou durante sua vida e que lhe causaram impacto.
- Escreva primeiramente o nome da pessoa que falou, mas sem julgamento (entenda que essa pessoa só deu aquilo que recebeu ou que poderia dar, por efeito de sua preparação, conhecimento e experiência).
- Reescreva a frase de forma positiva e cite um exemplo que ampare aquela conduta ("Sou um vencedor, porque passei no vestibular" etc.).
- Leia e repita a frase de poder internalizando aquela conduta.
- Tome a decisão de não mais repetir frases negativas para você mesmo.
- Rejeite mentalmente e substitua as vozes enfraquecedoras, internas ou externas, toda vez que tentarem assombrá-lo. Repita automaticamente: "Eu sou incrível. Essa voz não me define". E repita todos os dias, antes de dormir: "Eu sou verdadeiramente incrível".
- Identifique alguma frase, rótulo ou brincadeira negativa que você costuma fazer com uma pessoa específica ou de forma corriqueira.
- Tome a decisão de jamais emanar vozes com conteúdo negativo sobre a vida de alguém.
- E, caso aconteça, conscientize-se disso toda vez que se perceber portando a voz do acusador.
- Refaça as frases se desculpando e validando alguma característica positiva da pessoa. Diga que não foi sua intenção ofendê-la.

CAPÍTULO 6

As prioridades da vida

> A ação expressa as prioridades.
> MAHATMA GHANDI

Prioridades e funcionamento da mente

Definir prioridades vai além do simples ato de escolher o que é mais ou menos importante, porque precisamos levar em consideração o fato de sermos capazes de executar o que nesse momento é nossa prioridade. Isso está relacionado também com a capacidade de executarmos o que é importante quando surge um desafio.

O cérebro foi programado para economizar energia a qualquer custo. Assim, definir as prioridades da vida na ordem correta consiste em distribuir energia de forma equilibrada, a ponto de impedir que o cérebro entre em colapso por falta de energia quando estivermos diante de um desafio ou de uma escolha.

O neurologista americano Richard E. Cytowic afirma que nosso cérebro evoluiu para processar o maior número de informações com a menor quantidade de energia possível. Um estudo realizado por pesquisadores da Universidade de Stanford, nos Estados Unidos, mostra que grande parte das pessoas prefere o sofá a uma caminhada, por exemplo.

Quantas vezes nos pegamos com preguiça de fazer pequenas tarefas, como lavar a louça, estudar, entregar um trabalho no prazo determinado ou mesmo fazer nosso trabalho. Deixamos para depois, postergamos e de repente temos um acúmulo de coisas por fazer. O desespero bate à porta, por não sabermos nem por onde começar.

De acordo com André Buric, especialista em neurolinguística comportamental e criador do Brainpower, a Academia Cerebral, é normal sentirmos essa preguiça, justamente pela forma como nosso cérebro opera. Ele diz:

A preguiça nada mais é que um mecanismo utilizado pelo nosso cérebro quando ele não consegue entender que há um motivo atrativo para você gastar sua energia fazendo aquilo. Quando estamos motivados, agimos para buscar o que nos motiva. Mas sem essa recompensa clara, o cérebro avalia a situação e prefere poupar sua energia para algo mais útil ou recompensador[1].

Cada um de nós, no dia a dia, traz consigo um tipo de prioridade, e muitas vezes não vemos acontecer o equilíbrio que necessitamos em nossa vida.

Isso se deve a vários motivos. Às vezes, não sabemos escolher apropriadamente nossas prioridades, ou o ambiente em que estamos inseridos pode estar exigindo de nós mais do que podemos entregar, ou não temos clareza sobre o que nos motiva e acabamos permitindo que uma prioridade atropele a outra. A falta de motivação correta também pode ser um motivo. É quando nos permitimos viver uma vida desordenada, esgotados do amanhecer ao pôr do sol.

Portanto, não basta dizer, por exemplo, que nossa família é o mais importante. É preciso haver coerência entre falar e vivenciar o que falamos.

Em suma, para dar atenção às prioridades da vida, é preciso ter energia armazenada para gastar com cada uma dessas prioridades e tratá-las convenientemente.

A neurocientista Caroline Leaf traz um conceito científico a respeito desse princípio: "Realizar várias tarefas ao mesmo tempo é um mito persistente. Dar uma atenção focada e profunda a uma tarefa por vez é a maneira certa de fazer as coisas"[2].

O que ela está dizendo é que, quando pensamos que somos multitarefas, o que fazemos na realidade é ficar mudando de atenção o tempo todo, de tarefa em tarefa, sem conseguir realizá-las como deveríamos, e acabamos sacrificando a qualidade de nossa atenção.

Por isso, diante de cada uma das nossas prioridades, devemos estar focados e conectados a ela, a fim de proporcionar um tempo de qualidade.

---

1 Disponível em: <https://www.terra.com.br/noticias/dino/especialista-explica-a-preguica-no-cerebro-e-mostra-como-e-possivel-eliminala,472ce1543f2c8d29e7e2f458555c7a05gs65sveb.html>. Acesso em: 21 jun. 2023.

2 **Ative seu cérebro** (Brasília: Chara, 2018), p. 95.

AS PRIORIDADES DA VIDA

Só para esclarecer, vamos explorar duas histórias: a primeira, de um homem que não soube ordenar suas prioridades; a segunda, de alguém que se orientava por princípios.

Um governante envolveu-se com a mulher de um militar que lutava em suas tropas enquanto o marido dela estava na guerra. Era uma mulher muito bela, e engravidou desse governante, que planejou a morte do militar a quem havia traído, a fim de esconder seu ato egoísta. Após a morte do militar, o governante casou-se com a viúva e, como consequência de suas escolhas não assertivas e da falta de ordenação em suas prioridades, colheu profunda desestrutura familiar: o bebê gerado morreu após o nascimento, anos depois um de seus filhos violentou a própria irmã e o outro filho tentou matá-lo. A morte marcou presença em sua casa por longos dias.

Outro homem teve também a oportunidade de se envolver com a mulher de um oficial, mas escolheu colocar os princípios acima de todas as coisas e resistiu às provocações e tentações da mulher. Na ordem hierárquica, viver por princípios ocupava o primeiro lugar na vida dele. Assim, ele se recusou a deitar com a mulher, mas foi injustamente acusado de assédio pela própria esposa do oficial e pagou um preço por isso. Mesmo punido sem merecer, ele manteve os princípios como sua principal prioridade. Alguns anos mais tarde, colheu o fruto de sua escolha e se tornou a segunda maior autoridade do país. Tudo que ele fez prosperou, mesmo durante os anos mais difíceis.

Essas duas histórias demonstram o poder que há em nossas escolhas. Sempre valerá a pena pagar o preço de cumprir princípios e estabelecer as nossas prioridades.

Nossas escolhas têm consequências, sim, e acreditamos no Poder transcendental que abençoa aqueles que cumprem sua vontade e agem de modo que guardem princípios independentes da dúvida ou certeza daquilo que pode acontecer.

Não deixe de entrar em ação pela dúvida do que pode acontecer, mas entre em ação considerando o princípio que você precisa viver.

As prioridades que listamos a seguir, em ordem crescente pelo seu grau de importância, devem ser atendidas diariamente, para assim formarmos um ciclo de ações assertivas e de prosperidade existencial e priorizarmos o que realmente deve ser priorizado. Essa postura garante não só qualidade de vida, mas acima de tudo qualidade existencial.

Direcionar o olhar e as decisões para o lugar certo fará que evitemos até aqueles tristes jargões do fim da vida: "Se fosse hoje, eu faria tudo diferente"; "Não vi meus filhos crescerem"; "De que me adiantou fazer tudo isso?", e assim por diante.

Portanto, este capítulo é um convite para levar nosso consciente onde deve estar não apenas nosso olhar, mas nosso coração. Assim, com esse foco, agregaremos imenso valor ao que realmente importa e não tem preço. Vamos lá?

As prioridades e sua relação com a gratidão e a humildade

De acordo com o dicionário, prioridade é a "condição do que é o primeiro em tempo, ordem, dignidade; preferência, primazia; aquilo que consideramos importante".

Todavia, como já dissemos, o conceito de prioridade vai muito além disso. Até porque não é possível reconhecer algo como importante sem termos noção do que realmente importa.

Portanto, entendemos que, para reconhecer, valorizar e então priorizar, precisamos ser gratos. Gratidão é não se prender a onde queria estar, a ponto de esquecer de aproveitar o ponto em que se está. A gratidão é um estado de espírito e está conectada à humildade. Mas aqui vale registrar que ser humilde é um ato ativo, não passivo.

Quando alguém o humilha, você não está sendo humilde, mas humilhado, sofrendo uma ação como agente passivo. Mas quando sua postura é de uma pessoa que fala, argumenta e se posiciona com mansidão e simplicidade, então você está emanando humildade, ou seja, sendo um agente ativo.

Não são os humilhados que serão exaltados (agente passivo), mas aqueles que se humilham, que se põem nessa posição de modo consciente, não reativo (agente ativo).

Percebe a diferença?

Jesus era manso e humilde de coração. Ele foi humilhado, mas não saiu humilhado, porque sabia quem era, e seu estado de espírito vibrava com humildade. Talvez por isso tenha nascido em uma estrebaria, no meio dos animais, e entrado em Jerusalém montado em um jumento (símbolo do serviço

AS PRIORIDADES DA VIDA

e da mansidão), não em um imponente cavalo, animal usado pelos reis e pelo exército na época (símbolo de poder e força). Quantas mensagens de humildade são transmitidas em cada detalhe da vida do maior de todos os homens!

O estado de arrogância e soberba não se alinha com a frequência da humildade e da gratidão. Os sentimentos negativos vibram em baixa frequência, ao passo que os sentimentos fortalecedores possuem alta frequência — isso é física quântica e pode ser medido e observado por meio da escala Hertz[3].

É por isso que, quando estamos em um velório, no hospital ou em algum ambiente de tragédia, as pessoas vibram baixo, e as ondas que elas emitem podem ser sentidas pelos presentes. Já em um ambiente de celebração, a frequência emanada é alta e é igualmente possível sentir uma sensação agradável e boa.

Algumas pessoas têm em si a gratidão como uma força pessoal, e para elas é natural serem gratas. Todavia, quem não nasceu com essa força pode desenvolvê-la por meio da humildade.

Ser humilde é reconhecer grandes conquistas nas pequenas coisas, bem como os erros, e ajustar a conduta de modo leve e natural. Portanto, a humildade deve ser consciente. Da mesma forma, a gratidão também exige intencionalidade e deve ser nominal e motivada.

Assim, para sermos gratos e reconhecidos precisamos pontuar o motivo da gratidão e identificar aquele que proporcionou o feito pelo qual estamos agradecendo (pai, mãe, cônjuge, filhos, patrão, Deus).

Por exemplo, se percebemos que toda vez que pedimos carona a alguém ele se dispõe a ajudar, devemos identificar especificamente esse feito e externá-lo, dizendo, por exemplo: "Muito obrigado por me dar carona toda vez que lhe pedi". Ao fazer isso, validamos essa conduta, e a pessoa se sentirá valorizada e reconhecida. Uma frequência poderosa será criada, mas só perceberemos essas grandezas que moram nas pequenas coisas quando praticarmos a arte de ser gratos por tudo.

Assim, a humildade e a gratidão se mostram extremamente poderosas na construção de nossa vida. Quando agimos com gratidão, geramos amor e criamos ciclos do bem.

---

3 Escala de consciência que mede as emoções humanas em Hertz, criada pelo psiquiatra americano David Hawkins (1927-2012). (N.E.)

Essa postura gera uma forte coerência e sentido na mente. Sobre isso, diz Caroline Leaf: "A ciência mostra que nós somos projetados para o amor, com uma tendência natural ao otimismo"[4].

Ainda sobre a gratidão, a mesma autora informa:

> Um estudo recente investigou os efeitos da gratidão no comportamento humano e analisou a resposta do cérebro à mente. Os pesquisadores descobriram que os participantes que fizeram parte de um exercício de escrever uma carta de gratidão mostraram tanto mudanças positivas quanto uma maior atividade cerebral na parte da frente do cérebro (córtex pré-frontal medial) *até três meses depois*. Esse estudo indica que se praticarmos gratidão [...] reanimaremos a natureza movida a amor em nosso cérebro, ativando um ciclo de autopreservação da positividade na mente[5].

Gratidão é a arte de viver intensamente cada momento de nossa vida, exatamente no lugar onde estamos e sem o desejo de estar em outro lugar. É reconhecer e ser grato pelo que se tem e desejar ser melhor a cada dia,

---

4 Ative seu cérebro, p. 13.

5 Pense, aprenda e tenha sucesso (Brasília: Chara, 2015), p. 79.

honrando os recursos que você tem à disposição, por mais precários que pareçam. Isso lhe dará legitimidade e autoridade para avançar e o ajudará a se preparar para a vida de abundância que deseja.

Essa verdade é ilustrada na história de dois homens que caíram, cada um, em uma vala profunda. Os dois estavam separados por um barranco de terra muito alto, sobre o qual havia uma árvore enorme. De repente, começou a chover, e os dois homens ficaram desesperados e começaram a suplicar a Deus por misericórdia. Com a força da tempestade, a árvore partiu-se ao meio, e metade caiu em uma valeta e metade na outra. Um dos homens começou a blasfemar contra Deus: afinal, pedira ajuda e, em vez disso, um monte de galhos caíra sobre ele. O outro homem, porém, começou a louvar a Deus e a agradecer, pois usou os galhos como apoio e conseguiu sair da vala.

O fato era o mesmo, mas enquanto um viu um problema, o outro enxergou a solução, resultado de sua humildade e gratidão.

No entanto, a verdadeira felicidade está ligada ao nosso "o quê" glorioso, ao nosso propósito. Quando encontramos a resposta a esse "o quê", o olhar voltado para ele faz que nossa felicidade seja permanente.

Não significa dizer que viveremos apenas felizes, e sim que permaneceremos felizes "apesar de". É um estado de espírito, como já dissemos. O propósito nos move, ou seja, nos motiva. Há recompensa permanente nele, e existe uma razão para isso. Além do mais, as pessoas felizes são gratas.

Na verdade, muita gente passa a vida inteira em busca de seu "o quê" grandioso. No entanto, para persistir, é necessário manter o olhar fixo no que está adiante, pois o entusiasmo é temporário.

Sempre que iniciamos um novo projeto, sentimo-nos empolgados, certos de que um futuro incrível nos aguarda. Ocorre que, com o passar dos dias e com as adversidades que enfrentamos, começamos a desanimar e até corremos o risco de abandonar aquele projeto que tanto nos empolgou. Tudo está ligado à motivação que nossa mente precisa para entrar em ação. Se não sabemos qual é nosso propósito, as motivações estarão sempre indo e vindo, e tudo que fizermos será marcado pela inconstância.

Segundo a psicologia positiva, a prática da gratidão é a mais elevada forma de amadurecimento psicológico do ser, porque ela interfere no cérebro, que libera hormônios de bem-estar, prazer e alegria, assim reduzindo o estresse e a preocupação, o que nos faz mais resilientes, criativos e felizes.

A escritora americana Melody Beattie diz que "a gratidão desbloqueia a abundância da vida. Ela torna o que temos em suficiente, e mais. Ela torna a negação em aceitação, caos em ordem, confusão em claridade. Ela pode transformar uma refeição em um banquete, uma casa em um lar, um estranho em um amigo. A gratidão dá sentido ao nosso passado, traz paz para o hoje e cria uma visão para o amanhã"[6].

Mais uma vez, citamos Caroline Leaf:

> O modo como pensamos afeta não apenas nosso próprio espírito, alma e corpo, mas também as pessoas ao nosso redor. Tanto a ciência como a Bíblia nos mostram como os resultados das nossas decisões passam pelo espermatozoide e pelo óvulo e atingem as próximas quatro gerações, influenciando profundamente suas escolhas e estilo de vida[7].

Entendemos que há cinco níveis de prioridade a serem respeitados para que nos sintamos amados, felizes e realizados em todas as áreas da vida, ou seja, para que nosso cérebro tenha clareza do que nos motiva e assim possamos entrar em ação e desfrutar as recompensas que nos aguardam ao longo do dia.

---

[6] Disponível em: <https://www.pensador.com/frase/Nzc5OTM3>. Acesso em: 3 jul. 2023.
[7] **Ative seu cérebro**, p. 26. Cf. Deuteronômio 30.19.

Acreditamos que obedecer à ordem hierárquica das prioridades é um princípio. E um princípio é a base para a construção de escolhas assertivas. Assim, se entendermos a verdadeira motivação existente nas prioridades da vida, nossa mente irá encontrar as recompensas necessárias para entrar em ação com o mínimo de esforço necessário, e isso nos será prazeroso.

Convém registrar aqui que, para saber onde estão suas prioridades, basta analisar suas ações, ou seja, onde está seu coração, aquilo a que você dedica horas e horas.

Mahatma Ghandi dizia: "A ação expressa as prioridades".

O tempo é uma grandeza comum para todos, independentemente de idade ou classe social. O que você faz nesse tempo modela os resultados de sua vida.

Portanto, para progredir, é preciso antes de tudo haver ordem, e é de suma importância organizar-se para atender às cinco prioridades da vida, das quais trataremos aqui.

Nosso grande objetivo é que você saiba onde estão suas prioridades, para poder coordenar suas ações de modo consciente e atender a cada uma delas no prazo de 24 horas.

Isso implica sair do inconsciente, o lugar em que a vida passa sem que percebamos, e tomar as rédeas da vida, a fim de priorizar o que deve ser priorizado.

Essas prioridades obedecem a uma ordem e a alguns princípios. Esses princípios são atemporais, e o primeiro deles é amar a Deus, depois a si mesmo e então ao próximo como a si mesmo.

A ordem de prioridade na obediência aos mandamentos é: Deus, eu, cônjuge/família, filhos e trabalho, como passaremos a detalhar agora.

Primeira prioridade: Deus

Deus — A única prioridade que nos abastece

Amar a Deus sobre todas as coisas: esse mandamento deixa claro que Deus é a primeira de todas as prioridades.

Em 2 Timóteo 1.7, a Bíblia diz que Deus não nos tem dado espírito de covardia, mas de poder, amor e de moderação. A palavra "espírito", nesse versículo bíblico, vem da palavra grega *pneuma*, que também tem como significado "espírito racional pelo qual o ser humano pensa, sente e decide", ou seja, sua essência. Logo, a essência humana é composta de amor, equilíbrio e poder.

> # É óbvio que, para sermos capazes de dissipar poder, precisamos primeiramente nos encher de poder.

Essa prioridade é a única que não consome nosso poder; pelo contrário, nos abastece. Assim, abastecidos de poder, tornamo-nos aptos a distribuir poder entre os demais, e com qualidade.

É válido ressaltar que devemos começar o dia abastecendo-nos da verdadeira fonte de poder, que é Deus. Ao fazermos isso todas as manhãs, atendemos à primeira das prioridades. E jamais devemos deixar virar o dia sem nos conectar com nossa fonte divina.

Devemos entender que, assim como necessitamos comer e dormir todos os dias, também é imprescindível conectar-se com Deus diariamente.

A questão aqui é: onde você se enche de poder? Onde está sua fonte?

Alguns podem pensar que essa fonte seria o sono. No entanto, podemos afirmar que, mesmo dormindo longas horas, muitos continuam sem forças. Sabe por quê? Porque o poder deve ser buscado na fonte, e nossa fonte é Deus.

Você pode estar pensando: "Não dá tempo de fazer nada quando acordo". A questão é que priorizar algo implica um compromisso, um dever a ser cumprido, observado e vivenciado. E acredite: o poder que você irá receber mudará completamente o rumo de seu dia.

AS PRIORIDADES DA VIDA

Entre os que tiveram problemas com os pais, especialmente com o pai biológico, muitos terão dificuldades para se conectar com Deus. Inconscientemente, eles pensam: "Se não pude confiar em meu pai, que me deu a vida, se não me senti amado por ele, como vou acreditar que aquele Pai que não vejo me ama de verdade?".

Por isso, convidamos você a iniciar um relacionamento com Deus e pouco a pouco criar intimidade com ele e se deixar envolver pelo seu amor. Mas seja sincero em suas emoções, porque ele lê nosso coração. Reserve também um tempo todos os dias, para se abastecer de poder, mesmo que para isso tenha de acordar um pouco mais cedo.

Assim como um aparelho de celular deve ser recarregado, nós também precisamos repor nossas energias. Também podemos citar os robôs aspiradores de pó. Muitos deles são programados para fazer a limpeza do ambiente, mas quando estão com pouca energia retornam sozinhos para a base, onde serão recarregados, e assim cumprem o ciclo de se abastecer e dissipar seu poder, de acordo com sua programação.

Essa analogia é perfeita. Quando nos sentimos fracos, sem energia ou desanimados, devemos voltar à nossa base de recarga, à nossa fonte de poder, para nos abastecer do mais puro combustível existencial. Nessa fonte, encontraremos também muitas respostas, esperança e, acima de tudo, poder.

Haverá dias em que precisaremos nos dirigir à fonte mais vezes, e o incrível é que sempre seremos abastecidos e fortalecidos. Por isso, insistimos em que você se abasteça, a fim de que, carregado da mais pura energia, possa dissipá-la de modo saudável e poderoso em sua vida e na vida daqueles que o rodeiam.

Deus — o Perfeito Amor

Aqui você conhecerá o Perfeito Amor, que lança fora todo o medo, e assim poderá inundar sua vida e a vida das pessoas que ama com o mesmo amor que ele tem por você.

No Perfeito Amor, não existe medo. Na verdade, esse amor elimina todo o medo. É impossível que medo e amor coexistam em um mesmo ambiente. O medo gera insegurança, desconforto, timidez, angústias e vários outros sentimentos que têm por finalidade nos paralisar. Quando sentimos medo de algo, deixamos de avançar naquela área de nossa vida, ficamos estagnados, sem forças, desencorajados, sentindo-nos incapazes e até impotentes.

Quem sente medo ainda não foi aperfeiçoado no amor. Já no Perfeito Amor encontramos força, coragem, ousadia, equilíbrio, realizações, encorajamento, esperança e muitos outros sentimentos que nos fazem avançar, seguir em frente, olhar com muita esperança para o futuro, encontrar sempre sentido no que fazemos ou desejamos fazer. Assim, estamos sempre em movimento, tornamo-nos criativos e intuitivos, geramos soluções para inúmeras áreas da vida e há sempre um movimento de leveza fluindo dentro de nós.

Na prática, amar a Deus está relacionado com quanto buscamos conhecê-lo e aplicamos seus ensinamentos em nossa vida. Deus nos chamou para a liberdade: somos livres para fazer escolhas, e nossas escolhas demonstram quais são nossas prioridades.

Quando digo sim para alguma coisa, estou dizendo não para todas as outras. Por isso, precisamos ser intencionais em nossas escolhas. Acredite: elas são reais, espirituais e científicas. O poder da vida e da morte está em nossas escolhas, e devemos escolher a vida amando a Deus para viver, bem como nossa descendência (cf. Deuteronômio 30.19,20).

Precisamos ter clareza a respeito de nossas escolhas, para que elas sejam assertivas. Todavia, elas só serão assertivas se estivermos conectados com Deus, o Perfeito Amor, pois ele lança fora o medo, e então, sem medo, podemos definir nosso "o quê", nos preparar e avançar com nosso conteúdo, depois de cessar as vozes que tentam nos fazer acreditar que não somos capazes.

Queremos que você conheça um pouco mais de Deus. Já sabemos que ele é o Perfeito Amor. Por isso, leia o que diz João:

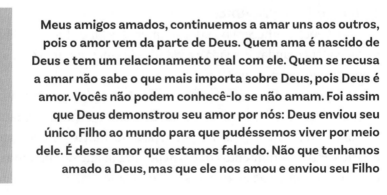

> Meus amigos amados, continuemos a amar uns aos outros, pois o amor vem da parte de Deus. Quem ama é nascido de Deus e tem um relacionamento real com ele. Quem se recusa a amar não sabe o que mais importa sobre Deus, pois Deus é amor. Vocês não podem conhecê-lo se não amam. Foi assim que Deus demonstrou seu amor por nós: Deus enviou seu único Filho ao mundo para que pudéssemos viver por meio dele. É desse amor que estamos falando. Não que tenhamos amado a Deus, mas que ele nos amou e enviou seu Filho

AS PRIORIDADES DA VIDA

como sacrifício para purificar nossos pecados e consertar os danos que eles causaram em nosso relacionamento com Deus. Meus amigos queridos, se Deus nos amou assim, então devemos amar uns aos outros. Ninguém viu Deus, nunca. Mas, se amarmos uns aos outros, Deus habitará no íntimo do nosso ser e seu amor será completo em nós — amor perfeito! Sabemos que estamos vivendo uma vida plena nele, e ele em nós, porque ele nos deu vida que procede da sua vida, que vem do seu Espírito. Além disso, vimos por nós mesmos e continuamos a afirmar que o Pai enviou seu Filho para salvar o mundo. Quem confessa que Jesus é o Filho de Deus participa de um relacionamento íntimo e estável com Deus. É por saber disso que abraçamos de coração esse amor que procede de Deus. Deus é amor. Quando passamos a habitar permanentemente no amor, vivendo uma vida de amor, vivemos em Deus e Deus vive em nós. Assim, o amor tem o controle da casa, fica à vontade e amadurece em nós, e não temos mais preocupação com o dia do juízo — nossa situação no mundo é idêntica à de Cristo. No amor, não há espaço para o medo. O amor amadurecido expulsa o medo. Considerando que o medo causa uma vida vacilante e cheia de temores — medo da morte, medo do julgamento —, podemos dizer que quem tem medo não está completamente aperfeiçoado no amor. Mas nós podemos desfrutar o amor — amar e ser amados, pois primeiro fomos amados; por isso, agora podemos amar. A verdade é que ele nos amou primeiro. Se alguém se vangloria, dizendo: "Eu amo a Deus", mas odeia e despreza seu irmão, é mentiroso. Se não ama a pessoa que vê, como pode amar a Deus, a quem não vê? O mandamento que temos da parte de Cristo é sem rodeios: amar a Deus se vê na prática de amar o próximo. **Vocês precisam amar os dois** *(1 João 4.7-21, A Mensagem).*

Jesus é a maior expressão de amor que Deus poderia demonstrar a favor de cada um de nós. A essência de Deus é o amor. Infelizmente, as escolhas humanas erradas nos separaram desse amor, e o mundo foi contaminado com a essência do mal, que trouxe as injustiças, as dores, as enfermidades e até a morte. A maldade cresceu no coração do homem porque ele foi separado da glória de Deus. A acusação e a mentira nasceram por causa dessa separação.

Quando colocou o homem no jardim do Éden, Deus lhe deu esta instrução: "Você tem permissão para comer de qualquer árvore do jardim, menos da Árvore do Conhecimento do Bem e do Mal. Dessa, não poderá comer. No mesmo momento em que comer dessa árvore, você morrerá" (Gênesis 2.16,17, *A Mensagem*).

No entanto, o homem errou: comeu do fruto do conhecimento do bem e do mal e foi expulso do jardim.

A mentira surge com o pai da mentira, o Diabo (cf. João 8.44), que, mentindo, enganou e convenceu Eva de que ela não morreria se comesse do fruto proibido, mas seria como Deus: perceberia a "realidade" e conheceria o bem e o mal.

Quando, porém, Deus foi visitá-los no fim do dia, eles confessaram que estavam com medo, porque se achavam nus. Por isso, haviam se escondido e confeccionado roupas com folhas. Deus perguntou quem dissera a eles que estavam nus e se haviam comido do fruto da árvore do conhecimento do bem e do mal. Então, as acusações começaram. Adão declarou que a culpa fora de Eva, e Eva afirmou que a culpada fora a serpente. Então, eles realmente morreram, mas a morte do homem foi sua desconexão com Deus, sua fonte. Como o celular que fica sem bateria e não pode mais ser carregado por falta de tomadas, a energia deles se foi completamente, e nada podia ser feito, pois não podiam mais se conectar com sua fonte. Eles continuavam ali, porém sem vida, sem vigor. Foi assim que o ser humano se desconectou de Deus.

Toda escolha sempre trará consigo uma consequência. A consequência do pecado é a morte, mas em Deus temos a vida eterna (cf. Romanos 6.23). Às vezes, a morte é literal mesmo. Então, Deus prometeu um Salvador, Jesus (cf. Isaías 9.1-7). Ele o enviou por amor, para morrer por nós: "Deus amou ao mundo de tal maneira que deu o seu Filho unigênito, para que todo o que nele crê não pereça, mas tenha a vida eterna" (João 3.16, *Almeida Revista e Atualizada*).

Jesus é a "tomada" que veio nos possibilitar o acesso à fonte de poder e de vida outra vez! Ele pagou a dívida de nosso pecado e nos deu acesso ao Pai novamente. Ele se fez maldição por nós ao morrer na cruz. Ali Jesus experimentou a separação de Deus, de tal maneira que clamou: "Meu Deus, meu Deus, por que me abandonaste?" (Mateus 27.46, *Nova Tradução na Linguagem de Hoje*).

AS PRIORIDADES DA VIDA

Nesse momento, todo o nosso pecado caiu sobre ele, e Deus, o Pai, já não podia estar com ele. Então, veio a morte, mas não com domínio sobre Jesus, pois ela não tem poder sobre ele. Jesus entregou seu espírito nas mãos do Pai. Então, Jesus tomou para si as chaves da morte e do inferno e ressuscitou ao terceiro dia.

A morte não conseguiu detê-lo, e o Diabo foi derrotado. É certo que nosso adversário ainda atua com sua maldade e iniquidade, mas já tem sua sentença decretada e arderá no fogo do inferno por toda a eternidade.

Voltando à essência de Deus, queremos fazer uma pequena apresentação de quem ele é em seus atributos perfeitos, porém nem todos conseguem vê-lo como ele realmente é, pois estão construindo sua percepção sobre Deus com base em suas experiências passadas. O significado que damos àquilo que estamos vivendo é construído com base naquilo que já vivemos, até que nossas experiências passadas sejam ressignificadas.

Deus é santo, e é por isso que ele não pode suportar o pecado. Em Habacuque 1.13, lemos: "Tu és tão puro de olhos, que não podes ver o mal e a opressão não podes contemplar" (*Almeida Revista e Atualizada*).

Em seu livro *Adoração: os atributos de Deus*, Ângela Valadão Cintra explica que "sua santidade é o resplendor de tudo o que Deus é. Isto significa que todos os seus atributos estão embutidos em sua santidade. Como a luz branca que é separada nas cores do arco-íris, através de um prisma, assim a santidade divina contém todos os outros maravilhosos e perfeitos atributos do caráter do Ser divino".

Deus nos chama para sermos santos como ele é santo (cf. Levítico 20.7; 1 Pedro 1.16), e por meio do Espírito Santo podemos ver a santidade de Deus refletida em nós, em nossas ações, escolhas, decisões e comportamentos.

Além disso, a santidade de Deus faz que ele seja imutável em seu caráter, por isso podemos confiar e descansar nele. Ele é fiel, verdadeiro, bondoso, amoroso, misericordioso, justo, gracioso, digno, manso, longânimo; ele é onipotente (todo-poderoso), soberano (tem o controle de tudo), onipresente (está em todos os lugares), onisciente (sabe de todas as coisas), eterno (o início e o fim). E ele é muito mais, porém há algo muito importante que queremos que você saiba a respeito do caráter de Deus.

Até agora, explicamos que ele é nossa fonte, nossa primeira prioridade, onde nos abastecemos para poder dissipar poder nas demais prioridades de nossa vida. Também já falamos que podemos ter intimidade com ele e que o segredo está em conhecê-lo e ser conhecido por ele. Conhecer a Deus intimamente é saber quem ele é, e isso consiste em contemplá-lo em seus atributos comunicáveis (que ele divide com o homem) e incomunicáveis (que só ele possui).

Só Deus é imutável, eterno, digno, soberano, onipotente, onisciente, onipresente e salvador. Desse modo, quando o contemplamos em seus atributos incomunicáveis, nossa fé é fortalecida. Somos encorajados, sustentados e revigorados, enchemo-nos de poder e de esperança e encontramos sentido em nossa existência pela imensidão de Deus.

Quando, porém, o contemplamos em seus atributos comunicáveis, como o amor, a fidelidade, a alegria, a bondade, a misericórdia, a graça e a mansidão, tornamo-nos parecidos com ele. Contemplar a Deus é adorá-lo, e há um princípio que rege a adoração: "Tornem-se semelhantes a eles os que os fazem e todos os que neles confiam" (Salmos 115.8, *Nova Almeida Atualizada*).

Contemplando a beleza de Deus, confiamos nele e nos tornamos semelhantes a ele. É por isso que precisamos de seu amor que cura e lança fora o medo, porque então nossas escolhas se tornam assertivas. Nosso cérebro encontra a motivação correta que o faz entrar em ação na direção certa.

Vale citar mais uma vez a neurocientista Caroline Leaf: "A ciência mostra que nós somos projetados para o amor, com uma tendência natural ao otimismo"[8]. Ela apresenta um embasamento bíblico para isso: "Deus não nos tem dado espírito de covardia, mas de poder, de amor e de moderação" (2 Timóteo 1.7, *Almeida Revista e Atualizada*).

Desse modo, o oposto do medo não é a coragem, mas o amor, aquele sentimento que, quando abastecido, nos leva a níveis extraordinários e inimagináveis em nossa existência.

Várias passagens da Bíblia deixam evidente esse princípio, como Lucas 10.27: "Amarás o Senhor, teu Deus, de todo o teu coração, de toda a tua alma, de todas as tuas forças e de todo o teu entendimento" (*Almeida Revista e Atualizada*).

Amar a Deus é um mandamento. E aqui precisamos ressaltar que estamos falando de Deus como o Perfeito Amor. Desse modo, amamos a Deus porque ele nos amou primeiro. Ele nos fez e nos aceita exatamente como somos ou estamos.

---

8 **Ative seu cérebro**, p. 13.

AS PRIORIDADES DA VIDA

A primeira demonstração de amor de Deus está ligada ao seu perdão. Somos perdoados e conectados a ele. Não há nada que possamos fazer para que Deus nos ame mais ou que deixe de nos amar. Deus simplesmente nos ama. Seu amor é imutável e incondicional, ou seja, independe de qualquer circunstância.

Iremos falar um pouco mais sobre a essência de Deus, mas antes queremos que você entenda que com Deus poderá viver uma vida eterna e/ou uma vida próspera.

Deus — eternidade e prosperidade

Eternidade é o princípio da intemporalidade, ou seja, é onde o passado, o presente e o futuro se fundem no tempo. Prosperidade é o resultado do cumprimento dos princípios que Deus nos ensina.

Segundo a Bíblia, antes que tudo fosse formado, de eternidade a eternidade, ele é Deus. Isso significa que ele é no tempo presente, mas sempre foi antes de tudo acontecer e continuará sendo.

Sobre a intemporalidade, podemos citar Salmos 90:2: "Antes que os montes nascessem e se formassem a terra e o mundo, de eternidade a eternidade, tu és Deus" (*Almeida Revista e Atualizada*). E Apocalipse 1.8 diz que ele é o início e o fim: "Eu sou o Alfa e Ômega, diz o Senhor Deus, aquele que é, que era e que há de vir, o Todo-Poderoso" (*Almeida Revista e Atualizada*).

Portanto, Deus é eterno. Quando contemplamos a eternidade de Deus, entendemos que nossas motivações precisam ser corretas, dirigidas por um propósito, que também se torna eterno. E o detalhe é que viver uma vida eterna com Deus não é só para depois da morte; é para o tempo que se chama Hoje.

No entanto, para isso precisamos ter intimidade com ele. E intimidade significa ter um relacionamento muito próximo, ter amizade íntima e familiaridade. E aí entenderemos que não se trata apenas de conhecer a Deus, mas também de ser conhecido por ele.

Se almejamos prosperar, precisamos primeiramente entender que prosperidade exige de nós viver, conhecer e cumprir princípios. Prosperidade é a capacidade que temos de criar resultados positivos no ambiente em que estamos, com os recursos de que dispomos, porém com sabedoria.

E sabedoria é conhecer a verdade acerca de nós mesmos. Não está relacionada com dinheiro, com nosso saldo bancário.

Isso significa que podemos viver uma vida eterna com Deus por meio da intimidade que temos com ele, conhecendo-o e sendo conhecido por ele. Significa também que podemos viver uma vida próspera por meio de princípios que decidimos aplicar em nossa vida e nossas escolhas.

Vale registrar aqui algumas ponderações, pois podemos viver os princípios e ter prosperidade, mas não ter intimidade com Deus. Podemos também ter intimidade com Deus e não ter prosperidade, caso não vivamos os princípios.

Uma vez que podemos ter eternidade e prosperidade, atrelados a uma vida de intimidade com Deus, vivendo e cumprindo princípios, essa deve ser nossa meta.

Além disso, também é possível não desfrutar eternidade nem prosperidade, não ter intimidade com Deus e não viver princípios. Lembre-se: somos livres para nortear e escolher o que buscaremos em nossa vida.

No entanto, o ideal é que tenhamos intimidade com Deus e sejamos prósperos em nossa jornada terrena, ou seja, que nossa vida seja guiada por princípios.

É válido mencionar aqui Provérbios 4.20-23: "Amigo, ouça bem as minhas palavras; dê ouvidos à minha voz. Mantenha esta mensagem à vista o tempo todo. Decore! Guarde na mente e no coração. Quem encontra essas palavras vive de verdade: eles são saudáveis de corpo e alma. Vigie sempre os seus pensamentos: deles depende a sua vida!" (*A Mensagem*).

Portanto, uma vida de prosperidade, conectada com Deus, que vivencia o eterno na terra e cumpre princípios, nos eleva a outro nível.

Talvez você esteja se perguntando: "Como posso amar a Deus? Como entender tudo isso?". Bem, só amamos aquilo que conhecemos, e trataremos agora de algumas formas de estabelecer essa conexão com Deus.

Formas de se conectar com Deus

Como já dissemos, Jesus é a "tomada" que irá lhe proporcionar o acesso direto a Deus Pai. É preciso acreditar que ele é o Filho de Deus enviado para morrer em seu lugar e para lhe dar nova vida. Você crê com seu coração e confessa com sua boca que Jesus é verdadeiramente o Filho de Deus? Pronto. A tomada foi instalada, e agora você já pode se recarregar.

Simples assim.

AS PRIORIDADES DA VIDA

Agora você pode absorver a carga necessária para cada dia, enquanto busca conhecer Deus e ser conhecido por ele.

É a amizade íntima que você irá desenvolver por meio da oração, da adoração, de canções específicas de louvor e adoração e da leitura de livros, de devocionais diários e especialmente da Bíblia.

Convidamos você a começar a partir de agora a prática diária da conexão com Deus, que deve se tornar um hábito. E garantimos que se trata de um dos hábitos mais nobres e fortalecedores que você poderá adquirir.

Orar é falar com Deus, abrir o coração para ele. É assim que desenvolvemos uma amizade íntima. É quando contamos tudo para Deus, mesmo que ele já saiba. Como Pai amoroso que é, ele ama nos ouvir falar. Diante dele, você pode rir e chorar, pode expressar sua raiva ou sua tranquilidade e pode ser bastante sincero, transparente.

Ele interpreta suas intenções, lê seu coração e mesmo assim o amará incondicionalmente e todos os dias estará ao seu lado, independentemente da situação.

Por isso, convidamos você a orar. Ore todos os dias ao acordar, ore durante o dia — enquanto dirige, lava a louça ou cuida das crianças e no trabalho. Fale com Deus o tempo todo.

Outra prática importante é a adoração. Adorar é declarar quem é Deus. Consiste em contemplá-lo por seus atributos, sem pedir nada, apenas buscar compreender o significado deles e declarar seu entendimento. Podemos fazer isso declarando a própria Palavra, a Bíblia, como nesta passagem:

> **Exaltar-te-ei, ó Deus meu e Rei; bendirei o teu nome para todo o sempre. Todos os dias te bendirei e louvarei o teu nome para todo o sempre. Grande é o Senhor e mui digno deser louvado; a sua grandeza é insondável. Uma geração louvará a outra geração as tuas obras e anunciará os teus poderosos feitos. Meditarei no glorioso esplendor da tua majestade e nas tuas maravilhas** (Salmos 145.1-4, Almeida Revista e Atualizada).

Além disso, podemos agradecer ao nosso Deus por tudo que nos acontece. E, à medida que o tratamos dessa forma, com gratidão, tornamo-nos mais humildes e submissos a ele. Porque Deus ama o coração manso, ao passo que odeia a soberba e a arrogância.

Comece o dia fazendo uma oração, agradecendo a Deus por tudo que ele lhe concede, por todas as preciosidades conferidas pelo Deus da abundância, as quais muitas vezes nos passam despercebidas, porém muitos gostariam de usufruir, como pernas para andar, olhos para ver, uma casa onde morar, uma família na qual se amparar, alimento para comer, roupas para vestir, e assim por diante. Faça sua prece, sua contemplação, sua mais nobre oração. Todos nós, por mais miseráveis que nos imaginamos ser, temos e sempre teremos motivos nobres para agradecer a Deus.

Aliás, como já dissemos, a gratidão vibra alto e é o sentimento que mais nos aproxima da frequência dos céus. Assim como nos parece educado agradecer quando recebemos um presente, seria minimamente polido agradecer ao nosso Criador pelo tanto que nos é dado.

Ler e meditar sobre obras devocionais também é uma prazerosa forma de conexão com Deus. Uma sugestão é o aplicativo Glorify[9], no qual você encontrará excelentes devocionais.

Outra forma para ampliar a conexão com Deus é por meio de uma *playlist* com músicas de louvor que acessam seu coração e fazem sentido para você. Ouça essas músicas ao longo do dia, especialmente na parte da manhã. Reflita e mergulhe nas canções que fortalecem seu espírito e alegram seu coração.

Sobre a conexão com Deus por meio da leitura, é óbvio que recomendamos como livro principal a Carta Magna da espiritualidade: a Bíblia Sagrada.

Ao ler a Bíblia, abre-se uma conexão vertical, um portal que nos conecta com o transcendente. Assim, temos todos os dias a chance de passar por um portal que nos eleva e nos conduz à presença de Deus.

Como sugestão de viver a intimidade com Deus e aprender e respeitar princípios, indicamos a leitura de Provérbios. A leitura desse livro da Bíblia aumentará sua intimidade com Deus, enquanto aprende sobre princípios.

Viva intensamente suas experiências de conexão com Deus e desfrute a graça de se esvaziar amando a você mesmo e ao próximo. É justamente nessa esfera que a vida toma o rumo do extraordinário.

---

9 Disponível em: <https://glorify-app.com/pt-br>. Acesso em: 3 jul. 2023.

Desafios da primeira prioridade

Para iniciar a conexão diária com Deus, sugerimos que você faça isto todos os dias:

Monte uma *playlist* de músicas de louvor e ouça-as todos os dias, logo que acordar.

Desperte uns minutinhos mais cedo e leia um trecho da Bíblia, de preferência também logo que acordar. Comece por Provérbios.

Segunda prioridade: eu

Você é a pessoa mais importante de sua vida

Como já dissemos, ao cumprir o princípio de amar a Deus sobre todas as coisas, seremos capazes de obedecer aos demais mandamentos, que consistem em amar a nós mesmos e então amar o próximo.

Quando nos sentimos amados por Deus, compreendemos quem somos e que fomos feitos à sua imagem e semelhança de forma única e maravilhosa. Desse modo, tornamo-nos capazes de olhar para o próximo por meio do Perfeito Amor e de amá-lo incondicionalmente e sem julgamentos.

Portanto, após aprendermos a nos abastecer da primeira prioridade, que nos conecta ao Perfeito Amor, é necessário que nos esvaziemos.

Então, chegou o momento de entregar o poder que você carrega às pessoas, o momento no qual as pessoas vão receber de mim, e a primeira pessoa a quem devo amar e dissipar minha energia é ninguém menos que eu mesmo.

O mandamento diz: "Amarás o teu próximo como a ti mesmo" (Lucas 10.27, *Almeida Revista e Atualizada*).

O mandamento é bem óbvio: amar o próximo *como a ti mesmo*. Isso significa que devemos, depois de amar a Deus, nos amar e nos priorizar. Essa é a medida de amor ideal para amar o outro. Daí a conhecida frase: "Aquele que não se ama não é capaz de amar alguém".

Vários estudos científicos sobre o funcionamento do cérebro, comportamento humano e construção das emoções, pensamentos em sentimentos revelam que o nosso cérebro, por mais poderoso que seja, não é capaz de processar, entender o desconhecido. Como podemos amar o próximo se desconhecemos o que é amor?! Por isso, a ordem natural das prioridades começa em se conectar com o Perfeito Amor, Deus. Deus, a primeira prioridade, e você a segunda.

A razão é que, se você que irá conviver com você mesmo para o resto da sua vida não se amar ou não se valorizar, dificilmente conseguirá gastar seu amor de modo saudável com alguém.

É óbvio que esse mandamento traz uma comparação. A primeira parte diz respeito a amar o outro, mas não faz sentido nem se sustenta sem a segunda parte.

Quando estamos em um voo, recebemos instruções a respeito das máscaras de oxigênio em caso de despressurização da cabine. Somos informados de que as máscaras cairão automaticamente diante de nós, e a orientação é que a coloquemos primeiro em nós e só depois em quem necessitar de ajuda. É disso que se trata quando falamos de você olhar para você mesmo como uma prioridade.

JB Carvalho, falando a homens (mas aqui podemos incluir as mulheres também), declara:

> **Seu desempenho é consequência direta da sua saúde. Cuide de você mesmo. Torne-se a melhor pessoa que pode ser, então a sua esposa, seus filhos e toda a sociedade irão lhe agradecer por isso. Eles vão se beneficiar com a sua melhor versão. Portanto, cuide de você primeiro e ajude os outros depois. Proteja as suas emoções. Emoções são apenas o *feedback* dos seus pensamentos. Reduza seu tempo de tela. Mova-se — coma bem —, substitua líquidos por água. Durma bem. Viva o momento. Curta a sua companhia. Dê um passeio com sua consciência. A privacidade é um ingrediente essencial para o crescimento interior como homem. Controle o seu ambiente. Ignore o barulho e saia da geografia da mediocridade. Cerque-se de beleza, energia positiva e pessoas de alto valor[10].**

Na correria do cotidiano, quase não encontramos tempo para olhar para nós, nos percebermos, acolher nossas emoções, cuidar de nossa saúde, alimentação e lazer ou até mesmo saber quem somos de fato.

---

10 **A jornada:** de meninos a homens (Brasília: Chara, s.d.), p. 248-249.

Também não nos damos conta de quão especiais somos e de quanto podemos influenciar a vida das pessoas com nossa história de vida e de superação.

Assim, se não nos cuidarmos, se não olharmos para nós, se não prezarmos nossa saúde e zelarmos pelos bons costumes, como cuidaremos de alguém?

Além disso, não devemos desmarcar compromissos com nós mesmos. Devemos ter nossas metas, nossos desafios e um tempo reservado apenas para nós — e esse tempo deve ser inegociável. Precisamos todos os dias de encontros com nós mesmos.

Isso implica naturalmente que precisamos de momentos a sós, para reflexão, que precisamos de autoconhecimento.

É necessário um mergulho em nós mesmos, porém muitas vezes nos falta fôlego para analisar com clareza quem realmente somos, pensamos e sentimos. Exercer um olhar para dentro de nós mesmos é desafiador, mas extremamente necessário.

Por isso, convidamos você a fazer um breve mergulho, após lhe apresentar três pontos imprescindíveis a serem esclarecidos sobre você. Preparado?

Três pontos imprescindíveis sobre você

Os pontos a serem apresentados são de extrema relevância para a pessoa mais importante de sua vida: você. São eles:

- Quem você é (identidade).
- Quem você não é (mentira).
- Quem você vai se tornar (como Deus quer você).

O primeiro ponto consiste em saber quem somos na essência, e para esse exercício é preciso lembrar que somos seres pensantes, mentalmente ativos o tempo todo, e que nossa mente faz inúmeras associações que vão nos construindo ao longo da vida.

Para saber quem somos, precisamos conhecer nossa identidade, que é composta por quatro atributos. Nossas habilidades, motivações, virtudes e melhor forma de comunicação.

Quando nos conhecemos, entendemos nossos limites, nosso funcionamento e o que nos motiva. Assim, fica bem mais fácil buscar a vida que almejamos, e as chances de persistirmos e vencermos são muito maiores.

Você é um em 400 trilhões, é único. E quando você se conhece, quando se acessa, traz ao consciente um universo único, com infinitas possibilidades.

Quando conhecemos e vivemos nossa identidade, construímos uma convicção a respeito de quem somos e a opinião do outro não pode deformar nossas emoções, pois teremos uma mente blindada.

Se você não sabe quem é, pode acabar acreditando em quem não é. Esse segundo ponto é extremamente destrutivo, pois quem acredita em quem não é nunca será de verdade.

No filme *O rei leão*, Simba passou muitos anos buscando e encenando quem ele não era. Quanta falta fez ao reino ele deixar de ser de verdade aquilo que estava ligado à sua essência!

Aqui ressaltamos mais uma vez que muitos passam a vida inteira encenando por acreditarem em quem não são. Isso é lamentável e os afasta do melhor deles próprios.

Quando acreditamos em quem não somos de verdade, permanecemos conectados a uma mentira.

Sobre o terceiro ponto (quem você vai se tornar), é preciso estar conectado à fonte de todo o seu poder, a tomada que renova suas forças diretamente de uma fonte que é inesgotável.

Fica evidenciado então que se conectar à fonte e depois prioritariamente a você mesmo fará que você seja o que é de verdade e o afastará de quem você não é.

É na intimidade com Deus, na entrega de nosso futuro a ele, que chegamos a um lugar de infinitas possibilidades e de abundância, que ocupamos um lugar que excede todo o entendimento, e é nesse ponto que exclamamos: "Eu sei que foi você, Deus!".

Desse modo, quando nos conectarmos à nossa matéria-prima, começaremos a enxergar com mais clareza, e nossas conquistas se mostrarão muito maiores e melhores que tudo que um dia cogitamos.

O motivo é que Deus nos vê prontos. Ele acredita em nós e, como Criador, conhece cada detalhe de sua criação. Todo fabricante conhece o potencial de seu produto. O fabricante de mísseis de guerra sabe o poder do alcance deles, mesmo que ainda estejam desmontados e guardadinhos, parecendo mais um peso de papel. Mas chegará a hora em que esse potencial poderá ser usado.

Vale lembrar que Deus deseja que tenhamos consciência de nosso potencial, de quem somos e de quem ele deseja que nos tornemos por meio da identidade e da essência divina que ele nos deu.

Ele deseja nos ativar, e então poderemos acessar nossa criatividade e nossa intuição em sua potência máxima para viver nossa vocação e propósito. Até porque a criatividade e a intuição não são habilidades que podem ser desenvolvidas, aos estados de espírito que podem ser ativados. Essa ativação só acontece quando vivemos nossa essência composta por amor, equilíbrio e poder.

Portanto, depois de conhecer nossa verdadeira essência, nossa programação original, o que Deus quer de nós, acessamos uma fonte de poder que reflete a imagem e semelhança de Deus e então, abastecidos pelo Perfeito Amor e conectados à nossa real identidade, conhecendo e priorizando Deus e quem somos, tornamo-nos aptos a continuar dissipando nosso poder com potência e qualidade para o outro.

Como melhorar a relação com você mesmo

Nesse tópico, é necessário observar alguns fatores.

Primeiramente, convém lembrar que somos formados de corpo, mente e espírito. Mas agora ressaltamos a ideia de que a conexão com o transcendental, como já dissemos, irá nos fortalecer e alimentar nosso espírito, para nos tornar pessoas melhores e maiores, não em estatura, mas em força e poder. E, para tanto, recomendamos várias práticas que podem ajudar nesse fortalecimento.

Ao longo deste livro, tratamos também do funcionamento e da importância da mente e dos processos neurais, os quais vão nos construindo e nos moldando, bem como causando impacto direto à nossa vida.

Para uma boa saúde mental, é necessário investir em autoconhecimento, reservar um tempo para refletir e para fazer exercícios como os aqui propostos, ler livros, ouvir músicas, fazer cursos, meditar, relaxar, ter momentos de lazer e de descanso, e assim por diante.

Se todos os anos nos dispomos a fazer um *checkup* para ver como está nossa saúde física, por que fazemos tão poucas verificações de nossa saúde mental, quando a mente já está quase em pane?

Tudo isso contribuirá para o fortalecimento do cérebro e afetará direta e positivamente a qualidade de vida e da história que estamos escrevendo.

Lembre-se: prevenir é muito mais fácil que consertar, por isso comece agora a cuidar dessa máquina surpreendente.

É incontroverso que precisamos estar bem por dentro para estar bem por fora.

Precisamos entender também a importância do corpo, pois ele é o templo do Espírito Santo e, portanto, sagrado. E, se nosso corpo é sagrado, devemos cuidar dele.

É certo que a transformação acontece de dentro para fora, mas também precisamos cuidar da aparência. Nossa imagem comunica muita coisa sobre nós.

Quando o profeta Samuel foi ungir o novo rei de Israel, todos julgavam improvável que Davi fosse o escolhido, por causa da estatura baixa e da pouca idade. No entanto, Deus mesmo disse a Samuel que não vê como o homem vê. O homem vê o exterior, mas Deus vê o coração. Essa é a beleza interior, as qualidades que compõem nossa identidade e nossa intimidade com o Deus eterno e nos fazem semelhantes a ele, de modo que nos tornamos únicos e cada vez mais belos.

No entanto, cuidar do visual, da imagem exterior, também conta muito para nós mesmos. Tudo em nós comunica algo, e nosso cérebro capta todas as informações. É o que diz JB Carvalho:

> Eu respeito a essência, mas ela precisa de uma embalagem para se apresentar melhor ao mundo. Cheque a sua postura. Seu corpo está mudando sua mente e sua mente muda o seu comportamento. É preciso se alinhar com seu futuro. Portanto, apresente-se de maneira diferente. Ajustes mínimos trarão grandes mudanças. Estique-se, alongue-se, vá a uma academia, faça uma dieta, desligue a televisão, compre livros, muitos livros, mergulhe dentro de si mesmo e traga para fora os tesouros que seu Pai celestial plantou dentro de você. Mostre confiança sem arrogância.

AS PRIORIDADES DA VIDA

Entenda que se expandir ou se encolher ativa emoções. Portanto, adote novas posturas, a linguagem corporal continua falando. Você não pode ser um vencedor com uma linguagem corporal de perdedor[11].

Ressaltamos aqui que a roupa mais bonita que você pode vestir é sua postura e sua linguagem corporal. Porque o corpo não fala: ele grita. E o modo como nos portamos diz muito sobre nós e sobre o nosso estado de espírito.

Por isso, convidamos você a buscar meios de se apresentar confiante, convicto. Observe seu modo de sentar, sua expressão facial, postura, ombros, fisionomia. Esses elementos transmitem uma mensagem, que pode ser a de um perdedor ou fracassado.

A ciência da programação neurolinguística (PNL) diz que, se mudarmos nossa postura, mudaremos também nossas sensações. Citemos como exemplo uma pessoa debaixo do sol forte, com o rosto tensionado e os olhos apertados, e outra que começa a sorrir. As duas expressões faciais enviam informações ao cérebro, que produz os hormônios que validam as referidas expressões.

Como exercício, faça uma expressão de raiva ou aperte os olhos, como se estivesse diante da luz do sol. Então, solte a musculatura do rosto e sorria. Você perceberá que suas sensações mudaram automaticamente.

Estamos falando daquela caixa de ferramentas que está dentro de você. Escolha a postura com que irá se vestir. Antes de sair, olhe-se no espelho, não só repita que você é incrível, mas lembre-se de um momento em que você se sentiu incrível. Faça pose de vitorioso (peito aberto e braços estendidos para cima formando um "V") ou de poder (peito aberto, ombros para trás e mãos na cintura). Sinta-se realmente dessa forma. Se sua postura for de fracassado, não importa quão cara seja a roupa que você está vestindo.

Contudo, ressaltamos que é importante o modo como nos vestimos. Quando olhamos uma pessoa pela primeira vez, em fração de segundo elaboramos interpretações que iremos associar a essa pessoa.

Vestir-se bem e cuidar da aparência é de extrema importância. É um ato de respeito observar os trajes típicos de cada atividade profissional ou as roupas adequadas a cada ocasião, e fará que nos sintamos bem.

---

11   **Metanoia:** a chave está em sua mente (Brasília: Chara, 2018), p. 75.

Quando estamos em casa há vários dias sem sair, tendemos a ficar desarrumados, mas quando nos vestimos bem e nos arrumamos, sentimo-nos melhores e elevamos nossa autoestima. Daí a importância do cuidado pessoal (pele, cabelo, unhas, odores, e assim por diante).

Uma vez que nosso corpo é o templo do Espírito Santo, precisamos também praticar atividades físicas com frequência, nos alimentar com qualidade e de modo saudável, sempre atentos aos excessos e faltas.

A atividade física não é um luxo ou algo a ser feito quando nos sobrar tempo, mas também uma prioridade, um requisito essencial para mantermos o corpo saudável. Os exercícios físicos fortalecem os músculos, conferem vitalidade, liberdade e autonomia ao longo dos anos, nos deixam mais bonitos, evitam doenças, melhoram as dores, corrigem a postura e muito mais.

Não importa qual seja sua motivação, você precisa começar a cuidar de você. Por isso, reserve um tempo diariamente para as atividades físicas, nem que sejam 30 minutos.

É NECESSÁRIO UM CORPO SAUDÁVEL PARA CARREGAR UM ESPÍRITO FORTE.

Muitos se preocupam mais com o combustível com que abastecem o carro que com o que os abastece. Costumamos dizer que fazer atividades físicas e se alimentar de maneira saudável, que a vida toda poderia ter sido uma escolha, em determinado momento pode passar a ser uma obrigação, determinada pelo médico.

O descuido com o corpo pode levar à obesidade, por exemplo, que causa inúmeros danos à saúde e aumenta o risco de várias doenças. Precisamos ter equilíbrio com respeito à alimentação, a fim de não nos tornarmos

AS PRIORIDADES DA VIDA

comedores compulsivos, tampouco anoréxicos, pois em ambos os casos os efeitos são avassaladores.

"Equilíbrio" é a palavra, pois tudo que fizermos com regularidade modelará o resultado de nossa vida. Naturalmente, você pode comer algo que sinta vontade e não seja saudável de vez em quando, mas o "de vez em quando" não pode se tornar "sempre".

Além disso, o domínio próprio é fruto do Espírito, e se não exercermos controle sobre nós mesmos e sobre os nossos atos e desejos, iremos nos tornar escravos deles.

Nosso livre-arbítrio é uma das características que nos diferenciam dos animais irracionais. Quando desejamos algo, temos a vantagem de raciocinar e fazer escolhas, de controlar nossas vontades imediatas. Quando sentimos que precisamos ir ao banheiro, por exemplo, podemos segurar essa vontade até chegar ao local apropriado. Da mesma forma, devemos controlar os desejos que nos prejudicam, nos afastam de Deus ou mesmo nos impedem de cumprir princípios.

Inclui-se aqui a questão da promiscuidade e dos vícios. Devemos honrar e respeitar nosso corpo e para isso precisamos controlar nossos desejos. Precisamos ser senhores de nossa vida, ser livres de todo hábito que nos prejudique.

Normalmente, o vício não só acaba com o corpo, mas prejudica a mente e o espírito. Ele aprisiona e escraviza a pessoa, e seus efeitos nocivos podem se estender às pessoas próximas.

Vícios como o cigarro, o álcool e as drogas por um tempo parecem inofensivos, mas seus efeitos ao longo dos anos podem ser imensuráveis.

Quantos já foram vítimas de enfisema pulmonar, de câncer e de outras comorbidades por causa do cigarro, tanto o tradicional quanto o eletrônico. A pele do fumante, com a idade, vai ficando muito mais manchada e envelhecida que o normal. Os dentes ficam amarelados, assim como a pele dos dedos. E o pulmão, esse importante órgão responsável pela respiração, aos poucos deixa de ser rosado e adquire uma cor azulada, além de enviar sangue com nicotina para todo o corpo.

As drogas e o álcool prejudicam o coração e o fígado, destroem neurônios, estruturas e caminhos cerebrais importantes, prejudicam a consciência do indivíduo, que costuma dizer: "Eu paro quando quiser, não sou viciado".

Assim, aos poucos, entra por um caminho de difícil retorno, além de prejudicar as relações pessoais, familiares e profissionais.

Todo excesso esconde uma falta, mas nesse ponto em especial precisamos fazer outro alerta.

Quando na infância sentimos "falta" de algo, como a presença ou o afeto dos pais, ou passamos por dificuldade financeira, podemos desenvolver excessos. O cérebro parte em uma busca para "compensar" com prazer imediato aquela dor ou aquela carência. Entram aqui os excessos e as compulsões, que podem ser por comida, álcool, bebida, droga, jogos, compras, remédios, pornografia, trabalho, e assim por diante.

Não obstante, no que tange ao "ciclo de autossabotagem", é comum observarmos a repetição de padrões em várias gerações de uma mesma família em escolhas e ações que, racionalmente, são percebidas como negativas, mas, emocionalmente, não conseguem ser evitadas.

Você pode estar se perguntando: "O que pode ser feito nesses casos?".

É o conhecimento e a consciência que constituem aquele mergulho em nós mesmos. Daí a importância de você reservar um tempo para se dedicar a você mesmo, se analisar e se conhecer. Busque conteúdos de desenvolvimento pessoal que alimentem sua mente de conhecimento e sabedoria. Mas tenha cuidado, pois todo conteúdo de desenvolvimento pessoal, seja um treinamento presencial de forte impacto emocional, seja um livro, seja uma aula *on-line*, não importa a modalidade, tem por objetivo conectá-lo ao poder que há em você, mas esse poder não tem origem em você, e sim naquele que o criou; logo, se esse conteúdo liga você a você mesmo, fuja, mas se esse conteúdo o aproxima de sua essência, que é poder, e do seu Criador, entregue-se.

A grande notícia é que tudo que você precisa para viver seus melhores dias vai começar em você, onde você já está e com os recursos que você tem. Se você se conscientizar e tomar a decisão de ser diferente e fazer diferente, poderá se curar e assim libertar sua vida, de seus descendentes e livrar-se desse ciclo destruidor. Lembre-se: o problema de você não vencer será um problema que seus filhos vão ter que enfrentar.

Portanto, o remédio é composto de conhecimento, consciência e decisão. Se for difícil mudar por si mesmo, mude para libertar o futuro de seus filhos. Quantas famílias sofrem e são destruídas pelos efeitos desses excessos e dessas faltas!

AS PRIORIDADES DA VIDA

Entende agora como a desconexão com Deus e o descumprimento de princípios podem acabar com o mundo à sua volta? O motivo é que as forças carnais e as do espírito estão em conflito o tempo todo, por isso devemos buscar amor, alegria, paz, paciência, amabilidade, bondade, fé, mansidão e temperança.

Consegue perceber que muitos daqueles que condenamos estão apenas "honrando" e replicando uma história de dor? Por isso, entender o outro pela história de vida dele, sem julgamentos, nos torna mais empáticos e menos juízes. Você só será capaz de amar o próximo, talvez até aquele que hoje lhe faz mal, quando conseguir colocar o comportamento dele dentro da história que ele viveu. Daí verá que, assim como nós, ele também precisa experimentar o que ainda não experimentou, para saber o que ainda não sabe, a fim de fazer o que ainda não fez e viver a vida que merece ser vivida.

Portanto, muitos dos excessos que praticamos em nossa vida estão ligados a questões emocionais, e precisamos atentar para isso.

Outro ponto importante é a questão do sono, pois ele também é reparador. Podemos dizer que o sono está para o corpo como a conexão com Deus está para o espírito.

É durante o sono que o corpo inicia trilhões de associações que trabalham para nossa saúde e nosso bem-estar. É quando ocorre o reparo de tecidos, produção de proteínas, hormônios (inclusive do crescimento e do emagrecimento) e massa magra, liberação das toxinas produzidas pelo corpo ao longo do dia, integração entre aprendizado e memória, redução da irritabilidade, aumento da concentração e fortalecimento do sistema imunológico. O sono, portanto, é vital para a saúde.

Uma boa forma de dormir bem é cumprir princípios, pois eles garantem a leveza da consciência e da alma. Ao se deitar, entenda que o dia acabou e que chegou o momento de se desapegar das preocupações, medos e anseios. Se algo não saiu como desejado ou se seu comportamento, pela sua percepção, não foi adequado, elimine as vozes que fazem você se comprometer com aquilo que não tem controle. Não se culpe, deixe de lado as experiências no passado e decida retomar a rota e ser melhor no dia seguinte, sem compromisso com o erro. Tire o foco dos problemas e coloque-o na ação que leva à solução.

Além disso, por ser o sono um período restaurador e de forte impacto para a construção e validação de nossa mente, nossas emoções, nossas atitudes e nosso ser, sugerimos que você, a partir de hoje, não fique assistindo a notícias de tragédias antes de dormir.

Se possível, crie um ambiente semelhante ao que providenciamos aos bebês recém-nascidos. Crie um ritual para esse momento restaurador. Sugerimos que faça uma oração. Converse com Deus e entregue a ele suas preocupações. Agradeça-lhe pelo que você passou, valide quão incrível você é, visualize sua lista de sonhos ou um objetivo que traz em seu coração (vivencie-o em sua mente, como se já houvesse acontecido).

Então, diante de tudo que explanamos sobre nosso templo existencial, queremos que você tenha consciência da preciosidade de cuidar de você mesmo, da saúde do corpo. Desse modo, honrará o Criador, aquele que pensou em cada detalhe antes de nos criar e sabe até quantos fios de cabelo temos na cabeça.

Ame-se e honre o Criador. Só assim, estará apto a extravasar esse amor aos outros.

Desafios da segunda prioridade

Para melhorar a conexão com você mesmo, inicie os seguintes passos:

- Use um caderno para questionar, anotar e refletir respondendo às seguintes perguntas: ❶ Quem você é (identidade)? ❷ Quem você não é (mentiras que contam/contaram sobre você)? ❸ Quem você irá se tornar (como Deus quer você)?
- Escreva os excessos que você pratica e que precisam de ajustes (relacionados a trabalho, ao consumismo, à comida, ao jogo, ao vício etc.).
- Tome a decisão de iniciar uma atividade física e se comprometa com isso.
- Adote um plano alimentar ou assuma o compromisso de seguir uma dieta saudável.
- Antes de dormir, crie um ritual, ore, agradeça, visualize o futuro.
- Sempre que possível, tome consciência de seu corpo, de sua expressão facial, e adote uma postura de força e poder.

A questão de amar o outro

Como já dissemos, entender a relevância de se amar torna-nos aptos a amar o próximo, o que também é um mandamento.

Portanto, antes de entrar no nível da terceira prioridade, falaremos de um assunto ligado ao amor ao próximo. E aqui compete falar sobre o amor, pois tudo está ligado ao amor, e sem ele não somos nada. A vida sem o ingrediente mais saboroso não tem graça.

Podemos comparar o amor com um ingrediente especial da culinária. Imagine o tempero de que você mais gosta e usa em tudo que faz para dar "aquele toque" e provocar nas pessoas aquela sensação de "uau!" que fica estampada no rosto deles ao provar a primeira garfada. O amor é assim: é o tempero que devemos usar todos os dias em nossos relacionamentos para provocar a mesma sensação de "uau!".

Já sabemos que amor não é um sentimento, e sim uma decisão. Todos os dias, decidimos amar nosso próximo, por isso o amor é absolutamente intencional.

Contudo, o amor tem um precedente, o perdão, que também não se trata de sentimento, mas igualmente de uma decisão. Foi assim que o Perfeito Amor nos amou e é assim que Deus nos ensina a amar. Por meio do perdão, fomos amados. Por isso, para amar como o Perfeito Amor nos ama, devemos perdoar todos os dias, até setenta vezes sete vezes por dia, se necessário.

Quando julgamos alguém, colocamo-nos acima dele, na posição de juízes e de agentes capazes de condenar, exatamente como faz o acusador. Portanto, devemos abdicar desse papel e silenciar essa voz, pois ela não nos pertence.

Para isso, faça um exercício simples. Quando a voz do julgamento quiser controlar você, posicione-se como Abraham Lincoln sugere: "Antes de começares a criticar os defeitos dos outros, enumera dez dos teus". Esse exercício, que deve ser diário, fará que você, antes de apedrejar alguém, abandone a pedra que está em sua mão, a fim de não a arremessar contra você mesmo.

Lembre-se: todos nós somos falhos, e o nunca está muito distante para ser exigido de alguém. Precisamos entender os altos e baixos da vida e as oscilações presentes em qualquer relacionamento.

Cada um de nós tem sua história, sua própria colcha de retalhos, com pedaços de experiências, e querer impor decisões ou opiniões semelhantes mostra desejo de controle, insegurança e até arrogância. Devemos entender que cada pessoa é um universo único.

Você pode estar pensando: "Mas o outro faz tudo errado, ninguém me entende!". Se você quer andar por um caminho florido, se deseja uma vida leve, precisa entender de uma vez por todas que tudo tem de começar em você, onde você está e com os recursos que tem.

Uma música que pode ajudá-lo nesse processo de transformação é "A começar em mim", da banda Vocal Livre. Sugerimos que você salve essa canção e a ouça todos os dias refletindo sobre cada frase e internalizando-a, de modo a se conscientizar e iniciar o processo de mudança que o aguarda. Abaixo uma parte da letra:

Eu me pergunto onde é que foi
Alguém me explica
Por favor, onde é que foi
Que nós desaprendemos a viver em união

Quero ver mudar, mas se eu aqui só esperar
Eu sou um deles, sou só um deles
Minha oração, só é real transformação
Se começar em mim

Haja mais amor, a começar em mim
Amor que eu tanto quero ver
A começar em mim

A começar em mim
Quem me perceber
Que antes possam me reconhecer
Me descrever em Teu amor

E se tivesse mais perdão
Se no lugar de apontarem tantos erros
Fossem estendidos mais abraços
Mais olhares de aceitação

Se não mais tanto tempo em vão
Se nosso bem mais precioso
Não faltasse quando pra ouvir
Pra entender o meu irmão

Assim, após entender a importância de amar e perdoar a você mesmo, e aos outros todos os dias e ter em mente que todos os resultados de sua vida dependem de você, de suas atitudes, é o momento de avançar e saber quem é o "outro" na ordem de prioridade.

Terceira prioridade: cônjuge/família

É certo que, como seres sociáveis, temos necessidade de nos unir ao outro, de nos socializarmos. Contudo, muito mais que isso, somos programados naturalmente para nos unirmos amorosamente a alguém e formar família.

Quando alguém diz que está melhor sozinho, que não nasceu para se casar ou que não quer saber de nenhum relacionamento amoroso, isso representa apenas o significado que essa pessoa dá para suas escolhas do presente e que são construídas com base em suas experiências ou observações do passado e que na maioria das vezes acontece de uma forma inconsciente.

Fazemos aqui um alerta sobre o caso de pais que rompem um relacionamento. Eles podem estar transferindo sua frustração para os filhos se começarem a expressá-la, mesmo que não seja de forma verbal, pois assim moldarão e deformarão o futuro de seus descendentes, pois suas percepções futuras serão construídas com base em suas experiências e ou observações passadas. Por isso, pense bem da próxima vez que for falar mal de seu relacionamento diante de seus filhos. Seja maduro o bastante para resolver seus problemas com o parceiro, sem envolver os filhos.

O objetivo aqui vai além: seu cônjuge, depois de você mesmo, deve ser sua maior prioridade, ou seja, a terceira da lista.

Gênesis diz que Deus fez o homem e que este reinava sobre toda a criação. Todavia, ele se sentia só, faltava-lhe algo. Então, Deus deu a ele uma mulher, uma apoiadora e sustentadora. Mas a mulher não foi criada por uma carência, tampouco para preencher um vazio: ela foi criada para completar a criação. Ela veio coroar tudo que Deus havia criado.

Sabe por que ela foi tirada da costela do homem, não de outra parte do corpo? Porque a costela, além de dar sustentabilidade, protege o coração, por isso a mulher deve ser apoiadora e sustentadora do marido.

Não queremos aqui discutir questões de gênero, mas, é natural, a estrutura fisiológica da mulher é mais frágil que a do homem. Só a título de explicação, o hormônio que atua na produção de massa muscular e consequentemente de força é a testosterona, que naturalmente é produzida em uma quantidade bem maior nos homens do que nas mulheres. Além disso, foi atribuído a ela o dom de gerar vidas e de amamentar. Portanto, homem e mulher possuem instintos diferentes.

Hoje, há uma corrente que defende um mundo de direitos iguais, e, por mais que pareça o certo, não é disso que precisamos. Os direitos são diferentes porque somos únicos, mas as possibilidades precisam ser iguais. Não é sobre um mundo onde os direitos são iguais, mas onde as possibilidades sejam acessíveis a todos e escolhidas com base naquilo que faz sentido a cada um. Somos diferentes e em um relacionamento temos papéis diferentes, mas devemos estar focados na mesma missão.

Vamos compartilhar aqui uma receitinha poderosa para os relacionamentos.

É certo que homens e mulheres funcionam de forma diferente, e seus anseios também diferem. Também almejamos e procuramos várias coisas em nosso relacionamento, mas alguns ingredientes não podem faltar em uma relação poderosa. E vamos mencioná-los aqui, porque os ingredientes buscados pelo homem e pela mulher em uma relação diferem bastante.

O homem busca na mulher: respeito (por isso, normalmente a traição para o homem é muito mais dolorida ou mais difícil de perdoar), um coração ensinável (ele precisa se sentir útil ou forte, como no simples pedido para abrir uma lata) e sexo (uma necessidade muito mais evidente para o sexo masculino).

Já a mulher procura no homem: proteção (um homem que a defenda, cuide dela e a acolha), presença (estar junto, participar) e provisão (não importa que o salário dela seja maior, ela tem de sentir que em um momento de dificuldade ele dará conta do recado. É uma questão de atitude).

AS PRIORIDADES DA VIDA

Isso não significa que o homem não faz questão da presença da mulher ou que a mulher não queira respeito, todavia citamos os ingredientes que são de alta potência para cada um.

Se você for solteiro, pense nessa prioridade com relação aos seus pais e irmãos ou com relação a alguém que ocupe esse lugar em sua vida. Mas depois que você se casar e constituir família, a prioridade será transferida para o cônjuge e os filhos, pois esse passará a ser seu núcleo familiar.

> **Lembre-se de que a Bíblia, sustentáculo de vários livros de ciência e de psicologia, é muito clara sobre isso, ao dizer que o homem deve deixar seu pai e sua mãe e se unir à sua esposa, que passará a ser sua prioridade.**

Às vezes, quando nascem os filhos, conhecemos um amor que excede o entendimento e acabamos invertendo a ordem de prioridade. Mas normalmente, em uma relação, o marido ou a esposa vem antes do filho, e ele também deve compor a terceira prioridade de sua vida. E um dia seus filhos também obedecerão à ordem natural da vida e se casarão, e então restarão você e seu cônjuge.

Sugerimos um exercício de reflexão.

Pare e pense em sua vida quando tiver mais de 80 anos: como estará seu corpo, sua pele, sua vitalidade e sua saúde; onde habitará; quem o visitará com regularidade; quem morará com você; com quem partilhará histórias, ajudas e refeições diárias. Pense em quantos relacionamentos terá vivido, se as pessoas gostarão de visitá-lo, como será a convivência com filhos, netos e familiares em geral.

Esse exercício serve para conscientizar-nos das implicações do que fazemos, dos resultados que colheremos até nosso futuro, e criará novas percepções do que devemos fazer quando estivermos lá, pois às vezes vivemos a vida como se nunca fôssemos morrer ou envelhecer.

Não escolhemos a família a que vamos pertencer quando nascemos, mas escolhemos a família que iremos formar quando adultos, e em qualquer escolha a convivência íntima exige desafios, e jamais estaremos imunes a eles. No entanto, devemos crescer com as diferenças e dificuldades, de modo que no casamento um acrescente valor ao outro com suas diferenças, jamais diminuam um ao outro.

Pare de olhar com implicância quando a pasta de dente for apertada da maneira incorreta ou quando a cadeira não for devolvida ao seu lugar. A casa é lugar onde viver. Obviamente, a ordem é importante, mas a paz de espírito deve vigorar acima de tudo.

Muitas vezes, é melhor abrir mão de ter razão para ser feliz.

Pare também de condenar, criticar e reclamar de tudo. Comece a elogiar os pequenos detalhes que possam fortalecer o relacionamento e aumentar a admiração.

O casal deve arranjar tempo para conversar, se conectar, se amar. Celebrem com frequência as conquistas do casal e as conquistas individuais de vocês. Comemorem o aniversário de casamento, voltem a se curtir, a se conhecer, a se divertir juntos. Isso fortalecerá a relação. E persistam, não desistam, criem hábitos fortalecedores.

Somos todos seres humanos e todos carregamos nossas histórias, formadas pelas experiências e observações adquiridas ao longo da vida, que geram em nós lembranças, conscientes ou inconscientes. E o que carregamos dentro de nós é o que compartilhamos com o próximo. Se nossas lembranças do passado forem de dor, as escolhas de nosso presente não serão

AS PRIORIDADES DA VIDA

assertivas e nosso futuro será cheio de medo e insegurança. Assim, projetaremos o medo e a insegurança em todas as áreas de nossa vida. As prioridades estarão distorcidas por necessidades não supridas, como a busca de aceitação e de um amor, que deveriam ter sido supridas por nossos pais, pois outros não são capazes de fazê-lo.

Se você ainda é solteiro, não dê o próximo passo (casamento) antes de se amar ou de se sentir amado em sua casa, por seus pais ou por aqueles que possam representá-los. O amor é a base de sustentação da essência humana e precisa ser sólido, verdadeiro. Se você entende que não recebeu dos pais o amor que deveria, é preciso resolver seu passado com eles, a fim de trazer um novo significado às experiências vividas.

Não se trata de buscar culpados, pois só podemos entregar aquilo que possuímos, que carregamos dentro de nós. Cada um tem um passado, uma história. O importante é que toda dor ou ausência de amor termine em nós. Só então, estaremos prontos para seguir em frente, amar e ser amado pelo nosso cônjuge.

Para quem é casado, podemos dizer que, se você busca um amor que não foi preenchido ainda, a resposta está exatamente nos parágrafos anteriores. Você precisa voltar e resolver seu passado, a fim de estar livre para amar e ser amado.

Lembre-se: o cérebro é programado para economizar energia a qualquer custo e sempre vai escolher, das opções que você der a ele, aquela de menor esforço; então, depois que você se casar, o divórcio não deve ser uma opção, pois, em um momento de desafio, o cérebro encontrará essa opção e tenderá a decidir por aquilo que for mais fácil no momento, e a escolha normalmente será por desistir. Muitos casamentos se perdem e muitas famílias são desfeitas por causa disso.

Além disso, essas pessoas seguem sem resolver seu passado, sem se legitimar para um novo relacionamento. Assim, tempos depois, estarão na mesma situação. Os fatos podem até mudar, mas o sentimento de dor será o mesmo.

Por exemplo, a moça que se sentiu rejeitada por um dos pais, que não ocupava seu papel na ordem correta de prioridades na vida deles, buscará relacionamento que a situe nesse mesmo lugar. E, ao romper um relacionamento sem se curar, entrará em outra relação, na qual outra vez se sentirá "trocada" ou em que não é prioridade.

O Inimigo veio para roubar, matar e destruir famílias, por isso devemos cuidar de nosso casamento como um tesouro, como nosso maior patrimônio, e assim ensinaremos os nossos filhos a fazer o mesmo.

JB Carvalho declara: "A dissolução da família é a nossa maior tragédia social. Pessoas que crescem em famílias disfuncionais têm dificuldades em se conectar a seus cônjuges, seus filhos e suas autoridades"[12].

Quando somos movidos pela dor de não termos sido amados por quem deveria nos amar, buscamos desesperadamente preencher esse vazio, mas o fazemos de maneira errada. Então, as frustrações surgem e crescem, viram brigas, discussões, disputas, traições — enfim, uma série de situações destruidoras.

Com isso, deixamos de viver a prioridade do casamento e da família e acabamos colocando outras coisas ou pessoas no lugar. No entanto, o vazio continuará a crescer e a disfunção na vida também, pois estamos descumprindo o princípio das prioridades.

Um exemplo disso são aquelas horas a fio que passamos conectados à fonte errada, como no caso do celular. Quantos casais vivem conectados com pessoas no mundo virtual, mas são incapazes de se olhar nos olhos para se conectarem verdadeiramente um com o outro! Quantas palavras de incentivo, carinho e encorajamento deixam de ser ditas à pessoa física e são direcionadas a pessoas virtuais, sem conexão real! E o vazio na alma não tem fim.

Quantos jantares à luz do celular! A desconexão é tão grande que o casal entra em um restaurante, é servido com pratos maravilhosos, mas nem sequer vive o momento de verdade. Postam fotos "amorosas" nas redes sociais, enchem os *stories* de "amor", mas se amam apenas virtualmente. A propósito, o problema não é sobre postar seus momentos nas redes sociais, mas deixar de se conectar na vida real. O que vivem de verdade é uma vida sem propósito, superficial, fútil e banal. Não conhecem os sonhos um do outro, não sabem o que o outro pensa ou anseia e estão mais preocupados com o que os outros pensam a respeito deles que eles mesmos. Assim, vivem grudados nas curtidas e nos comentários das redes sociais, mas não se curtem de verdade, nem mesmo sabem como fazer isso, pois vivem distantes emocionalmente.

---

12 **A jornada:** de meninos a homens, p. 230.

Ter o cônjuge como prioridade significa fazê-lo ficar bem, cuidar um do outro, respeitar-se mutuamente, dar espaço para que ambos cresçam e se desenvolvam pessoal e profissionalmente. É ser parceiro nas aventuras, nas adversidades, na educação dos filhos. É cumprir a promessa do "na riqueza e na pobreza, na saúde e na doença", até que a morte os separe.

Quando um casal se ama verdadeiramente, firmado em tudo que falamos até agora a respeito do amor, esse amor é refletido diretamente na vida dos filhos. Somos seres inteligentes, e nossas habilidades emocionais são construídas dos estímulos que recebemos, das experiências que vivemos e das observações que fazemos. Assim, nossos filhos, quando olharem para o relacionamento que lhes servirá de modelo primário no futuro, reproduzirão o que viram, ouviram e sentiram.

Convém aqui lembrar a frase: "Faça o que eu digo, mas não faça o que eu faço". E vamos lhe contar a verdade: ela não funciona. As imagens que captamos ao longo da vida exercem forte impacto emocional sobre nossas decisões no tempo presente. Basta neste momento você olhar para você mesmo e lembrar-se do relacionamento amoroso dos seus pais ou da ausência desse relacionamento em sua infância. O que você viu? O que presenciou enquanto crescia? E como é seu casamento hoje? Você ocupa o papel de seu pai ou de sua mãe nessa relação? Você faz o que condenava em seus pais ou se põe no mesmo lugar de dor que sentia na infância? Você quer que seu filho replique esse emaranhado amoroso?

SAIBA QUE O PODER DE MUDAR SUA VIDA E A DE SEUS DESCENDENTES ESTÁ EM SUAS MÃOS.

A criança que vê pais amáveis, cordiais e carinhosos um com o outro terá esse padrão como exemplo a ser seguido, e o casamento será uma experiência de valor para ela. Já no caso de criança que cresce vendo os pais brigando, se agredindo verbal ou fisicamente, seu padrão de casamento será totalmente diferente do padrão da primeira criança. Mas, inconscientemente, no futuro ambas reproduzirão suas experiências, por ser a informação que carregam.

Vemos hoje o casamento muito banalizado e desvalorizado, famílias destruídas pelo egoísmo, em que cada um busca apenas os próprios interesses, cônjuges que não se preocupam um com o outro nem se respeitam. São raros os que lutam por seu casamento, que perseveram até encontrar uma saída e passar a viver a verdade sobre si mesmos e sobre o fantástico universo matrimonial.

Você pode fazer parte dessa porcentagem que persevera decidindo amar o seu cônjuge e sendo exemplo para a futura geração, que poderá crescer acreditando nos pais, na família, nos relacionamentos, no casamento e, principalmente, em Deus.

Mais uma vez, tudo é resultado das boas lembranças que trazemos do passado. Se elas forem esperançosas, nossas escolhas no presente serão assertivas e veremos sentido em nosso futuro. O medo não nos domina, e somos livres para viver o propósito do casamento em sua essência.

Um casal bem conectado consegue se falar com olhares, pequenos movimentos, sinais que indicam direção. Isso é possível porque o amor e o perdão estão em exercício por meio do diálogo, do tempo de qualidade, do conhecimento da identidade um do outro, do respeito mútuo, da intimidade um com o outro e com a fonte do amor: Deus.

Conhecer um ao outro exige tempo e dedicação, mas faz toda a diferença. Como já dissemos, somos únicos, então somos diferentes uns dos outros. Em nossa identidade, carregamos habilidades e inabilidades, e Deus fez isso com maestria extraordinária para exercitarmos o amor ao próximo, pois é no relacionamento com Deus e com o próximo que somos completos.

No casamento ou na família, podemos pôr o amor em prática o tempo todo pelo simples fato de nos conhecermos como indivíduos (ligado ao amar a si mesmo) e de conhecermos o outro (amar o próximo como a si mesmo).

AS PRIORIDADES DA VIDA

Fomos feitos para nos completar: onde somos bons, amamos o próximo naquilo que ele não é. Em vez de destruir o outro com palavras que machucam, juntamo-nos como em um quebra-cabeça. Somos feridos onde não somos compreendidos, e não somos compreendidos em nossas inabilidades.

Muitas brigas e discussões podem ser silenciadas pelo simples conhecimento dos atributos da identidade de cada um. Conhecer a identidade (habilidades, motivações e virtudes) do cônjuge e sua linguagem de amor pode mudar seu casamento.

> **O mais importante aqui é entendermos que nenhum sucesso no mundo justifica o fracasso do lar. De nada vale ser o máximo para os outros, se não formos bons para aqueles que nos amam.**

Além disso, existe algo que sustenta e une o casal: buscar a Deus juntos. Já falamos bastante sobre buscar a Deus e da importância de estarmos conectados a ele. No entanto, quando falamos de casamento, entendemos que deve haver concordância na oração quanto aos assuntos pertinentes ao próprio casal e aos filhos ou aos pais e aos irmãos, no caso dos solteiros.

A Bíblia diz que onde estiverem dois ou três reunidos em nome do Senhor, ele também estará ali (cf. Mateus 18.20). E tudo que concordamos na terra, crendo, receberemos. Estar de acordo nas escolhas e decisões é um ato de amor de um para com o outro e uma forma de priorizar o cônjuge e a vida em unidade.

Quando o casal tem filhos, o ato de pai e mãe se colocarem na presença de Deus para buscá-lo é uma forma poderosa de conectar os filhos a Deus também.

Por isso, convidamos você a decidir, a partir de agora, amar e perdoar seu cônjuge todos os dias, viver com ele uma vida de amor, de modo que erga um forte pilar estrutural, que sustentará a trajetória de ambos e a de seus descendentes.

Desafios da terceira prioridade

Para melhorar a conexão no seu relacionamento, dê os seguintes passos:

- Decida amar e perdoar o outro todos os dias.
- Tente entender as dores vividas na infância, as quais você replica, ou mesmo um comportamento de seus pais, e decida de modo consciente adotar uma postura diferente.
- Façam pelo menos uma refeição por dia juntos, sentados à mesa, desconectados do celular e conectados na família; falem do dia, de sonhos e medos; partilhem a vida um com o outro.
- Construam juntos um "mural dos sonhos".
- "Antes de começares a criticar os defeitos dos outros, enumera dez dos teus".
- Pare de criticar e passe a elogiar.
- Pare e pense em sua vida quando tiver mais de 80 anos: como estará seu corpo, sua pele, sua vitalidade e sua saúde; onde morará; quem o visitará com regularidade; quem morará com você; com quem partilhará histórias, ajudas e refeições diárias. E, para estar junto com o cônjuge, vivendo em harmonia, pense no que é necessário fazer a cada dia.

Quarta prioridade: filhos

Os filhos constituem a quarta prioridade da lista. Estamos cientes de que o cumprimento dessa prioridade costuma representar uma grande dificuldade

AS PRIORIDADES DA VIDA

para os pais, mas essa ordem não deve ser trocada, porque essa ordem de prioridade fará que os pais se respeitem e, alinhados, consigam "falar a mesma língua", para então corrigir e orientar os filhos.

Os pais jamais devem tirar a autoridade um do outro, preferindo o diálogo, a fim de estender o efeito de sua autoridade à vida dos filhos.

Muitos casais se omitem e deixam os filhos tomarem as rédeas. Esquecem-se de que eles são imaturos e inexperientes demais para governar um lar, e os efeitos serão desastrosos para a família e para o futuro dos filhos.

Pais assertivos proporcionam altas doses de amor e de autoridade para os filhos. Muito amor e pouca autoridade representam pais permissivos. Muita autoridade e pouco amor representam pais autoritários. Pouco amor e pouca autoridade representam pais negligentes.

Pais assertivos conseguem apresentar o Perfeito Amor aos filhos. Eles crescem acreditando no pai e na mãe terrenos (que eles veem), por isso têm facilidade de acreditar no Pai celestial (que eles não veem). A criança só acredita em Deus se antes acreditou em seus pais. Portanto, os pais têm esse dever e essa missão.

Os casados precisam assumir seu papel de pai e mãe, ocupar seu posto e fornecer amor e autoridade aos filhos e atendê-los na ordem de prioridade que merecem e anseiam.

O mesmo deve ocorrer com pais separados. Os filhos jamais devem ser negligenciados, tampouco se tornar objeto de barganha ou de disputas. As implicâncias, injustiças e dores devem ser deixadas de lado, porque o filho sempre carregará parte de cada um dos pais, e renunciar a isso é rejeitar a própria essência do filho.

Não negligencie jamais um filho. Ele precisa e anseia ser amado, protegido e aceito pelo pai e pela mãe, e tudo que fugir disso criará impactos desastrosos na vida desse ser humano.

Portanto, tenha responsabilidade e honre seu papel. E honrar o papel de pai e mãe não é simplesmente morar na mesma casa. É necessário conectar-se com os filhos, amá-los, aceitá-los e protegê-los.

Aceite seus filhos exatamente como eles são. Livre-se das expectativas e evite frustração. Por mais que sejam seus filhos, cada um deles é um universo único, portanto não engesse os sonhos e anseios deles.

Se um deles disser que tem o sonho de ser palhaço, diga-lhe que ele será o melhor palhaço de todos, deixe-o alimentar seus sonhos e fantasias. Incentive-o a dar o melhor de si, valide-o todos os dias, converse sobre seu medos e anseios.

Quando for corrigir um filho, valide primeiramente quem ele é e só depois fale do comportamento em questão. Não o rotule com base em um comportamento. Tente enxergá-lo com a idade e a maturidade que ele tem, ajude-o a lidar com as frustrações e birras, em vez de puni-lo ou silenciá-lo. Incentive-o a conversar sobre seu dia, a partilhar seus sentimentos e medos.

É muito natural falarmos sobre o "fazer", como tarefas e atividades. Todavia, tenha consciência da importância do ser e faça um mergulho na essência de seus filhos. Seja aquele pai que sabe responder qual é o animal preferido e a cor predileta deles, a brincadeira que acham mais divertida, o nome dos amigos, o que mais gostam de fazer, seus maiores sonhos e do que têm medo.

Ninguém nos ensina isso, e poucos consideram importante, mas conhecer a essência e identidade deles passa a formar as diretrizes do que realmente importa, e assim o relacionamento passa a ser mais forte e poderoso.

Você faz ideia do poder de cada atitude e de cada palavra na vida de um filho e como impactarão o futuro dele?

Para responder a essa pergunta, pense em quando você era criança: o que mais você queria de seus pais? O que eles fizeram ou falaram que o deixou muito feliz ou o fez se sentir amado quando pequeno?

Os pais são nossa grande referência, os heróis de nossa formação inicial na escola de seres humanos, que muitas vezes sem habilidades ou sem conhecimento fazem o que podem de acordo com suas experiências e limitações.

O fato é que muitas vezes replicamos esse ciclo também. Por isso, convidamos você a perdoar e entender seus pais, a honrá-los e a decidir ser diferente a partir de hoje.

Muitos dizem, às vezes para justificar um comportamento inadequado: "Meus pais me batiam, mas nem por isso eu morri". Ocorre que não se trata de matar, mas de destruir. O convite aqui é à consciência e à decisão de fazermos e sermos a melhor versão de nós mesmos.

Outro ponto importante, que já mencionamos rapidamente, é: enxergue seu filho pela idade que ele tem. Não brigue com ele nem o julgue de

AS PRIORIDADES DA VIDA

acordo com a maturidade que você tem. Não seja cruel, ensine-o e dê a ele uma direção. A criança é um papel em branco e não tem o discernimento totalmente desenvolvido, por isso cabe aos pais ensiná-la a lidar com as frustrações da vida.

Apresente Deus aos seus filhos, ore com eles, ensine músicas, conte histórias e, acima de tudo, seja exemplo. Essa postura fará que eles criem uma base poderosa.

E, pela ordem de prioridade, é necessário que todos os dias você reserve um tempo, ainda que apenas dez minutos, para se conectar verdadeiramente com seus filhos, para brincar, ensinar e conversar.

Não negligencie esse papel tão poderoso que lhe foi confiado. Nossos filhos são presentes, são nossa herança (cf. Salmos 127.3,4). Uma herança deve ser bem cuidada para prosperar; do contrário, por maior que seja a riqueza, ela acabará, definhará e não cumprirá seu propósito em nossa vida. O mesmo acontece com nossos filhos: precisamos ser intencionais no amor, no cuidado e na educação deles.

Fomos criados para a liberdade (cf. Gálatas 5.1,13), e é nosso papel como pais e mães ensiná-los assim também. O amor se manifesta na liberdade e é lindo! Quando o Criador fez o homem e a mulher, ele lhes deu algo muito precioso, o livre-arbítrio, ou seja, o poder de escolha, de decisão e de autocontrole. O livre-arbítrio funciona em nossa relação com nossos filhos também e por ele permitimos que eles exercitem o amor.

Nosso modelo é Deus, e ele nos amou de forma sacrificial e incondicional, a ponto de enviar seu único Filho para morrer em nosso lugar. O amor incondicional não julga, mas ensina, acolhe e respeita. O amor é paciente, benigno, compassivo, não busca os próprios interesses (cf. 1Coríntios 13). É esse amor que precisamos ensinar aos nossos filhos de maneira intencional.

Quando fazemos isso em amor, ganhamos o coração de nossos filhos, e eles ganham o nosso (cf. Malaquias 4.6; Lucas 1.17). Criamos conexões com o coração e estabelecemos responsabilidades tanto para nós quanto para eles, ou seja, cada parte é responsável por 50% do relacionamento.

Vivenciar o amor com liberdade significa pais e filhos protegerem o coração uns dos outros. Ou seja, nossas escolhas serão sempre baseadas no amor, no respeito, na honra, sempre buscando exercer o domínio próprio em nossas decisões.

Como já dissemos, uma das formas de guardar o coração de nossos filhos é tentar conhecê-los e entendê-los em sua essência. Até porque somos responsáveis por formar ou deformar a identidade de nossos filhos.

Imaginemos: um pai muito independente e ousado, que gosta de desafios e novidades, é comunicativo e tem facilidade para tomar decisões. Então, ele olha para o filho que não quer ir sozinho até o parque infantil do restaurante. O parquinho está cheio de meninos correndo, escorregando, pulando nas bolinhas coloridas, subindo e descendo pelos labirintos, mas, apesar de todos esses atrativos, o menino permanece estático, aguardando o pai. Nesse exato momento, vemos habilidades e inabilidades se cruzando, e a postura do pai irá formar ou deformar emocionalmente aquele filho.

Um pai impaciente pode hostilizá-lo: "Você não é homem? Vá logo brincar!"; ou: "Você não presta nem para ir brincar sozinho! Tem de fazer tudo junto". O filho ainda não consegue entender se suas ações são certas ou erradas, mas o sentimento que vai levar no coração é que suas ações são erradas e que ele não vale nada. Pode ser o início da uma identidade deformada.

Já um pai intencional em amar o filho, que olha para ele através do Perfeito Amor, ao ver seu filho se recusando a ir sozinho até os brinquedos, irá incentivá-lo, encorajá-lo e acompanhá-lo, para que ele se sinta seguro e possa fazer amizade com alguma criança, se enturmar e se divertir normalmente. Esse filho será afirmado em sua identidade ao saber que está tudo bem querer companhia, precisar ter alguém do seu lado para se sentir seguro.

E quando nossos filhos cometem erros? Estamos preparados para lidar com eles? Nós podemos errar, certo? Bem, nossos filhos também podem cometer erros.

Para guardar o coração de nossos filhos, precisamos acolhê-los e orientá-los. Eles precisam saber que, se errarem, terão colo e orientação! Se fizermos isso intencionalmente, eles crescerão fortes e assertivos em suas escolhas, pois sempre se sentirão amados, e o medo não dominará sua mente nem seu coração.

Além disso, a assertividade nas escolhas está ligada ao poder de exercer o domínio próprio. Cada um decide o comportamento que terá quando estiver longe, quando estiver sozinho ou com os amigos. E é baseado nisso que os filhos guardam o coração dos pais. Lembra-se da responsabilidade de 50% de cada um no relacionamento?

Os filhos guardam o coração dos pais por meio da honra (cf. Êxodo 20.12). A honra é o princípio que leva alguém a cuidar da própria conduta, a fim de ser aprovado, virtuoso e corajoso e de desfrutar um bom conceito na sociedade em que vive. O amor com liberdade gera honra. O filho que se sente amado está comprometido com sua parte no relacionamento, de modo que saberá fazer as escolhas certas e assim honrar os pais.

No entanto, é preciso ter coragem para dizer não em algumas situações! Por exemplo, o adolescente que escolhe não se embriagar em uma festa está protegendo o coração dos pais. E ele só faz esse tipo de escolha, sem medo, quando compreende o valor da liberdade movida pelo amor e pelo autocontrole.

Liberdade não é fazer tudo o que desejamos: é escolher dentre todas as coisas aquilo que nos fará bem. E essa é a liberdade firmada no livre-arbítrio.

Há algo mais que precisamos saber a respeito de priorizar nossos filhos: conhecer a linguagem da valorização (ou do amor) deles e nosso estilo parental, bem como as consequências disso na vida de nossos filhos. Esse conhecimento ajudará em muito nossa trajetória.

A linguagem da valorização

É por meio da linguagem da valorização que nos sentimos amados e enchemos o "tanquinho do amor" que existe no coração.

Imagine a importância de saber quanto seu filho se sente amado! Quando conhecemos a linguagem falada por eles, amar e transmitir amor se torna fácil.

No livro *As 5 linguagens do amor*, Gary Chapman afirma que existem cinco linguagens que todo ser humano busca para se sentir amado. São elas: contato físico, palavras de afirmação, tempo de qualidade, presentes e atos de serviço.

CADA PESSOA TEM SUA PRÓPRIA LINGUAGEM DE AMOR.

Assim, a mãe que se sente amada por meio de contato físico tende a externalizar seu amor ao outro com toque e carinho. Mas se a linguagem do amor do filho forem palavras de afirmação, o tanque dele não se encherá. Ele não se sentirá amado completamente pelo toque, pois gosta de receber elogios e validação.

Portanto, percebe-se que costumamos nos expressar pela linguagem que nos é própria, mas a linguagem do outro pode ser diferente da nossa. É como se um falasse alemão e o outro japonês: fica difícil a comunicação.

A linguagem do amor ou da valorização precisa ser aprendida e desenvolvida em todos os relacionamentos, e é de extrema valia que o seja tanto por nós quanto pelos nossos filhos. É de fato um idioma a ser aprendido, pelo qual podemos praticar e ensinar o amor incondicional de forma assertiva.

Assim, vale a pena registrar cada uma delas, a começar pelo *contato físico*.

Não precisamos de ocasiões especiais para dispensar carinho aos nossos filhos. Essa linguagem envolve beijos, abraços, tapinha nas costas, lutinhas, cócegas, massagem nos ombros — enfim, um simples toque pode falar muito ao coração de nossos filhos.

Todo ser humano precisa de contato físico, pois, por mais leve que seja, ele nos fortalece. Adultos que nunca tiveram a experiência do carinho físico ao longo da vida desmontam em prantos ao receber um pequeno gesto de afago. O toque é poderoso e deve ser usado de maneira apropriada.

Outra linguagem são *palavras de afirmação*, ligadas à validação, independentemente de nossos filhos falarem essa linguagem ou não. Precisamos tomar cuidado com as palavras que saem de nossa boca, que expressam o que pensamos ou sentimos, especialmente no calor das emoções.

Para a criança que tem como principal linguagem do amor incondicional as palavras de afirmação, é importante que ela ouça palavras de afeto, de carinho, de elogio e de encorajamento, bem como palavras positivas de instrução, entre outras, mas todas devem dizer: "Eu me importo com você"; "Você é realmente importante para mim".

Nossa língua carrega o poder da vida e da morte (cf. Provérbios 18.21), ou seja, podemos edificar ou destruir a vida de nossos filhos apenas com nossas palavras. Portanto, devemos usá-las com sabedoria e de modo edificante.

AS PRIORIDADES DA VIDA

Quando falamos de *tempo de qualidade*, estamos nos referindo ao tempo dedicado a alguém, e pode bater aquele desespero: "Meu Deus! Vou ter de ficar o dia todo à disposição dos meus filhos!". Mas não se trata disso.

A criança que tem essa linguagem necessita da total atenção dos pais, mas não precisa ser o dia todo. Às vezes, é preciso renunciar a alguma coisa de nossa lista de preferências para dedicar algum tempo aos filhos. Todavia, para falar essa linguagem, precisamos parar e nos conectar a eles verdadeiramente, ainda que por um tempo muito curto, para fazer algo agradável juntos ou prestar atenção quando querem nos contar algo. Dessa forma, encheremos o tanque de amor deles com essa linguagem, que exige nossa atenção e presença.

Outra linguagem do amor são os *presentes*. Parece uma linguagem bastante simples. Afinal, pensamos, basta encher os filhos de presentes, e o tanquinho emocional deles irá transbordar. No entanto, para se tornar efetiva, essa comunicação precisa estar acompanhada de outra linguagem. O presente perde o valor diante de surras frequentes e injustificadas, de xingamentos e gritarias. Também se torna irrelevante quando não há intimidade entre pais e filhos — olho no olho, carinho e afeto, por exemplo.

Portanto, essa linguagem só atingirá seu propósito se for intencional, planejada. Não se trata de comprar presentes caros, e sim da construção de uma vida. Uma bala pode ser um presente incrível se vier acompanhada de um abraço, por exemplo, ou de uma mensagem como esta: "Eu me importo com você"; ou: "Lembrei de você"; "Você é um presente para mim".

Nessa linguagem, não importa o presente em si, se foi comprado ou feito por você, se foi caro ou barato. O importante é que seja intencional e tenha um significado.

Por fim, existe a linguagem dos *atos de serviço*. Mais uma vez, devemos ser intencionais em tudo que fizermos para expressar amor aos nossos filhos. E convém salientar que, a partir do momento em que decidimos ser pais e mães, ganhamos a missão de servir por pelo menos dezoito anos pessoas que dependem muito de nós. Nossos filhos precisam de nossos serviços, mas é preciso ter equilíbrio nessa linguagem, para que eles cresçam com a visão correta de também servir, não apenas de serem servidos.

Os atos de serviço também devem vir acompanhados das demais linguagens, sempre de maneira pontual para ensino, crescimento e abastecimento do tanquinho das crianças.

Pessoas que se sentem amadas por meio dessa linguagem são aquelas que valorizam quando alguém faz algo ou as ajuda a executar uma tarefa. Por exemplo, quando a mãe faz uma comida que o filho gosta ou organiza seu quarto.

Convém lembrar que os filhos precisam de nossos serviços para se desenvolver. Enquanto bebês, dependem totalmente de nossos atos até para sobreviver. À medida que crescem, devemos nos tornar exemplos para eles, a fim de que tenham um crescimento equilibrado nesse quesito.

Dar comida na boca de uma criança de um 1 ano é diferente de dar comida a uma criança de 6 anos. Esse ato de serviço deve acontecer até que a criança aprenda a comer sozinha. Claro que isso não nos impede de vez por outra fazer um agradinho!

Juntar os brinquedos, arrumar a cama e o quarto e manter as coisas organizadas fazem parte da jornada de aprendizado. Mas devemos servir nossos filhos de acordo com a idade e o aprendizado deles.

Precisamos estar cientes de que primeiro os servirmos e depois os ensinamos a servir a si mesmos e aos outros. Nisso demonstramos amor, pois os estamos preparando para a vida. Estaremos juntos quando a louça não for bem lavada, quando a roupa não for bem dobrada ou quando o lençol da cama ficar amarrotado até que consigam bom êxito nessas tarefas. Saber que podem contar conosco é uma atitude de serviço, é demonstração intencional de amor.

Além disso, embora existam testes para apurar as linguagens do amor, é possível descobri-las pelos indícios que cada filho deixa transparecer. Assim, ao observarmos como eles expressam o amor, perceberemos de que forma se sentem amados. Podemos também simplesmente perguntar a eles o que gostam que lhes façamos ou o que os faz se sentir amados por nós.

Depois que você descobrir sua linguagem, a de seu cônjuge e a de seus filhos, o nível de seu relacionamento atingirá outro patamar.

Estilos parentais

Vamos falar agora de estilo parental, que define o estilo dos pais.

AS PRIORIDADES DA VIDA

Há quatro tipos de pais: simplistas, desaprovadores, *laissez-faire* (conscienciosos) e preparadores emocionais.

Cada estilo gera uma consequência na vida dos filhos pelas características comportamentais que os pais apresentam no processo de criação e educação.

Vale lembrar que só podemos entregar o que temos, o que carregamos em nós. Assim, iremos compartilhar exatamente o que aprendemos, e a educação que damos aos nossos filhos e o estilo parental que apresentamos estão diretamente ligados à nossa educação, ao que vivenciamos e aprendemos como filhos. Mas vamos lá.

Provavelmente, você se identificará com um dos tipos mencionados.

No modelo *simplista*, os pais não dão importância aos sentimentos da criança. Eles os ignoram e desejam que as emoções negativas da criança desapareçam como em um passe de mágica.

São aqueles pais que, quando a criança chora por algum motivo, buscam outro para distraí-la, a fim de que esqueça aquela emoção que está expressando. Essa atitude faz que a criança não aprenda a lidar com seus sentimentos.

Normalmente, esse estilo parental faz que as emoções da criança sejam tratadas como algo sem valor, e isso acontece porque esses pais não sabem lidar com as próprias emoções, quanto mais com as emoções dos filhos!

Alguns não sabem sequer nominar o que eles mesmos sentem. Ficam constrangidos, assustados, ansiosos, aborrecidos, magoados ou mesmo espantados com as emoções das crianças e não sabem como lidar com elas.

Esses pais minimizam ou desprezam as emoções da criança, especialmente as que consideram negativas. Pensam que o tempo resolve tudo, mas isso não é verdade.

O resultado desse estilo parental na criança é que ela aprende que seus sentimentos são errados, impróprios ou inadequados. A criança cresce acreditando que há algo de errado com ela por causa do que sente e pode ter dificuldade em administrar as próprias emoções.

Os pais *desaprovadores* se parecem bastante com os pais simplistas, porém de maneira mais negativa. Eles julgam e criticam as expressões emocionais dos filhos e se preocupam em controlar as emoções dos filhos. Também exigem deles obediência e bons padrões de comportamento.

Esses pais costumam repreender a criança por suas manifestações emocionais, boas ou ruins. Se ela estiver feliz demais, está exagerando e deve se comportar. Se estiver triste, deve se alegrar, pois não tem motivos para estar triste. Para eles, as manifestações emocionais negativas, como choro, tristeza e dor, devem ter um limite. São aqueles pais que costumam bradar: "Chega de choro"; "Isso não é nada. Fique quieto!".

Para eles, a criança usa as emoções negativas como forma de manipulação e acaba gerando um sentimento de disputa de autoridade, entre outros comportamentos semelhantes, que sempre irão gerar experiências negativas.

Para eles, os filhos devem agir como vencedores. São pais que foram bastante cobrados na infância e também tiveram de "engolir o choro" muitas vezes.

As consequências desse estilo na vida dos filhos são as mesmas dos pais simplistas, mas com um agravante: a rebeldia torna-se evidente.

Em contrapartida, os pais de estilo *laissez-faire* aceitam livremente qualquer expressão de emoção por parte da criança. Eles a acolhem, mas não estão preocupados em orientá-la sobre seu comportamento e as suas emoções. São pais permissivos, que não impõem limites aos filhos. São aqueles pais que vão visitar os amigos e não dizem uma palavra se os filhos destroem a casa do anfitrião.

Esses pais não ajudam a criança a resolver problemas nem ensinam a ela nenhum método de solução. Entendem que não há nada que possa ser feito a respeito das emoções negativas, a não ser afastá-las e administrá-las com atitudes do tipo: "Chora mesmo. Deixa chorar; faz bem para os pulmões".

Infelizmente, a criança cresce sem saber como administrar suas emoções e tem dificuldades para se concentrar, fazer amizades e se relacionar com outras crianças. Estão habituadas a ganhar tudo no grito, e isso dificulta na hora de fazer amigos.

Já os *preparadores emocionais* veem nas emoções negativas uma oportunidade de intimidade. São participativos e têm a capacidade de dispensar tempo a uma criança triste, irritada ou assustada.

São pais que se importam com as emoções dos filhos e sabem lidar com as próprias emoções também. Estão sempre atentos e conseguem perceber qualquer alteração emocional nos filhos, ainda que muito sutil, e sempre sabem o que fazer em qualquer situação emocional adversa.

Esses pais tratam os filhos com respeito, não ridicularizam suas emoções nem fazem pouco caso delas. Eles escutam a criança, demonstram empatia com palavras e ações acolhedoras e ensinam a criança a lidar com o que sente.

Eles também ensinam a criança a dar nome às suas emoções, positivas ou negativas. Seus filhos aprendem a administrar suas emoções por meio de limites e aprendem que há manifestações emocionais aceitáveis. Além disso, estão sempre dispostos a ensinar técnicas de solução de problemas aos filhos.

O resultado são filhos que confiam em seus sentimentos, administram as próprias emoções e resolvem problemas. Possuem autoestima elevada e têm facilidade para aprender e se relacionar com as pessoas. São seguros a respeito de quem são.

Vemos que os pais simplistas dão pouco amor e pouca disciplina, pois priorizam os próprios interesses. Os pais *laissez-faire* dão muito amor e pouca disciplina, pois têm medo de que essa disciplina os afaste dos filhos. Os pais desaprovadores dão aos filhos pouco amor e muita disciplina. São pais que querem que a vida siga de acordo com sua vontade. Os pais preparadores emocionais dão amor e disciplina na medida certa, de forma equilibrada.

Naturalmente, simplificamos um pouco a leitura do comportamento dos estilos parentais. No gráfico abaixo, temos a representação desses estilos. Ele mostra a relação amor/afeto e disciplina/controle de cada um.

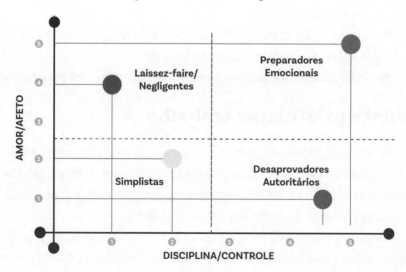

O amor/afeto nunca é demais. Você pode (do verbo "dever") amar seus filhos intensa e incondicionalmente, mas o amor deve vir na dose certa da disciplina/controle.

Assim como o pássaro nasceu para voar, nós nascemos para amar e ser amados. Ame sem medida, pois o amor cura, restaura, transforma, modela nossa vida e será um fator de grande poder na vida de nossos filhos.

Desafios da quarta prioridade

Para melhorar a conexão com os seus filhos, sugerimos os seguintes passos:
- Reserve um tempo, ainda que apenas dez minutos, para se dedicar aos filhos plenamente (nem que seja por uma ligação de vídeo); como exemplo, vocês podem comer, brincar, passear ou apenas ficar juntos conversando.
- Pergunte todos os dias aos seus filhos como se sentem com relação ao seu dia, quais seus sonhos, anseios, medos e se sentem amados por você. Compartilhe histórias de sua vida com eles, conte-lhes o que fazia na idade deles, e assim vocês irão criar cada vez mais intimidade.
- Jamais rotule seus filhos e, ao corrigi-los, valide quem eles são e trate seu comportamento.
- Procure entender a linguagem do amor de seus filhos e use-a com frequência.
- Valide a essência de seus filhos antes de dormir, pronuncie bênçãos na vida deles e ore com eles todos os dias.
- Anote que estilo de pai é você e tome a decisão de ser um pai assertivo.

Quinta prioridade: trabalho

Ao longo de todo este capítulo, falamos sobre as prioridades da vida e sua hierarquia. O curioso é que muitas vezes colocamos o trabalho em primeiro lugar, quando na verdade, para que ele cumpra seu propósito em nossa vida, as outras prioridades devem vir primeiro.

Não se trata de ter de cumprir todas as prioridades antes de ir ao trabalho, embora acordando mais cedo você possa, além de se conectar com

AS PRIORIDADES DA VIDA

Deus, dedicar um tempo ao cuidado pessoal, como uma atividade física antes de ir trabalhar. O que ocorre é que normalmente o trabalho é a prioridade a que mais dedicamos tempo, todavia não devemos deixar que interfira nas outras prioridades.

Assim, precisamos ter tempo para chegar em casa e atender às outras prioridades com qualidade, para cumprir princípios de modo efetivo. Quando cumprimos um princípio, somos conduzidos à recompensa que ele proporciona.

Enquanto dormimos, Deus está preparando nosso dia. Então, pela manhã, o buscamos para receber o poder que vem da fonte, necessário para ser dissipado em amor a nós mesmos e ao próximo.

É exatamente o que a Bíblia diz: "Inútil vos será levantar de madrugada, repousar tarde, comer o pão que penosamente granjeastes; aos seus amados ele o dá enquanto dormem" (Salmos 127.2, *Almeida Revista e Atualizada*).

Essas prioridades, além de hierárquicas, são interdependentes. Nosso trabalho atingirá um nível satisfatório de realização se nossa família estiver equilibrada, em paz e conduzida em harmonia. O casamento vai bem se os cônjuges estiverem bem consigo mesmos, e só é possível estar bem consigo mesmo conectado ao Perfeito Amor. Os filhos, igualmente, só sentirão paz se os pais estiverem em paz.

Portanto, as prioridades são interdependentes e interligadas, ou seja, uma prioridade precisa estar sustentada pela outra, para haver base existencial.

Desse modo, se quisermos desfrutar tudo que nosso trabalho pode proporcionar, ele precisa ocupar a posição correta em nossa vida.

O trabalho é abençoado. Ele nos proporciona realização, sustento e possibilidades. É por meio do trabalho que nos desenvolvemos profissionalmente e podemos garantir conforto, lazer e qualidade de vida para nós e para nossa família.

Ocorre que muitas vezes o trabalho se torna uma fuga ou uma forma equivocada de suprir as necessidades básicas do amor, da realização pessoal ou mesmo de nosso ego.

Não podemos depositar no trabalho todas as nossas expectativas de sucesso ou focá-lo demasiadamente para provar quanto somos bons e competentes naquilo que fazemos, pois precisamos nos abastecer das outras prioridades. Quando caminhamos nessa direção, chegamos ao final do dia cansados, estressados e desanimados só de pensar que "amanhã" começará tudo de novo.

Nesse ritmo, não há tempo para Deus nem para nós mesmos, tampouco para a família. Apesar de sermos o centro do universo nesse formato de trabalho, descumpriremos a ordem das prioridades da vida. Não estaremos nos abastecendo na fonte que é Deus e, consequentemente, não receberemos seu amor nem o compartilharemos com os outros, pois dormiremos e acordaremos vazios todos os dias. Teremos apenas um foco na vida: o trabalho. Tudo será excesso e desequilíbrio.

Nosso trabalho deve estar ligado à nossa vocação e ao nosso propósito. Se tivermos clareza quanto a isso, seremos impelidos a viver os melhores dias de nossa vida, pois entender o propósito do que fazemos agrega valor a nós e, acima de tudo, ao outro.

Conscientizar-se de que o labor não implica a atividade em si, mas os benefícios dessa atividade para os outros, pode ser estimulante. Assim, se você trabalha como açougueiro, deve entender que graças à sua profissão muita gente pode se nutrir com carne nas refeições. Se você é vendedor de roupas, deve entender que está proporcionando autoestima, proteção e agasalho àqueles que adquirem o produto que você vende. Essa ideia torna o trabalho mais prazeroso e lhe dá sentido.

ENCONTRE O MOTIVO DE VOCÊ ESTAR EXERCENDO SUA PROFISSÃO. REFLITA AGORA SOBRE ISSO.

Essa ideia também deve estar presente nas atividades corriqueiras. Ao limpar a casa, devemos pensar que estamos proporcionando um ambiente organizado, limpo e agradável para nós e para aqueles que amamos, além

AS PRIORIDADES DA VIDA

de passar aos filhos uma mensagem sobre como deve ser a organização de um lar. Quando um dos pais exaustos entende que dar banho no filho é uma oportunidade em uma fase rápida e que é um ato de amor e de aproximação entre ambos, o "preço" do ato em si passa a ser muito mais prazeroso.

Portanto, em todas as suas atividades, profissionais ou não, tenha um propósito, ponha amor e atenção nelas, e proporcione qualidade de vida a você e àqueles que você ama.

Aliás, vivemos dois dias extremamente importantes: o dia em que nascemos e o dia em que entendemos por que nascemos.

Como diz Paulo Sérgio Fernandes: "Nossa vocação diz respeito ao lugar onde somos enviados, ou seja, a esfera social de atuação. Enquanto que o propósito diz respeito ao que fazemos na esfera social em que estamos instalados"[13].

Naturalmente, o ser humano carrega dentro de si o desejo de realizar algo, em resposta aos mais diversos problemas existentes nas esferas sociais de nosso mundo.

Imagine que você é sal e está no mar. Mas há em você o desejo de fazer algo diferente, que possa mudar a vida das pessoas. Então, você descobre que possui a incrível habilidade de dar sabor aos alimentos e que isso produz imensa satisfação, prazer e alegria nas pessoas que provam a comida temperada por você. Isso lhe dá um senso de realização incrível e você entende que descobriu sua vocação (atuar no universo da culinária) e seu propósito (dar sabor aos alimentos, trazendo grandes benefícios à humanidade). A vocação sempre começa em nós, e o propósito sempre termina no outro.

No entanto, às vezes o sal perde o sabor, então não consegue mais cumprir seu propósito inicial: serve agora apenas para ser jogado fora e pisoteado (cf. Mateus 5.13). Antigamente, os soldados romanos usavam o sal insípido nas estradas durante o inverno para derreter a neve e liberar a passagem.

É exatamente isso que acontece quando somos deformados por nossas dores, por injustiças do passado não resolvidas ou por problemas nos quais insistimos em manter o foco. Isso tira de nós qualquer possibilidade de solução. O sentido de nosso futuro e de quem nascemos para ser simplesmente se esvai como fumaça.

---

13 **Vocação 360°**, p. 14.

Quando desconhecemos nossa vocação e nosso propósito ou quando não vemos sentido no que estamos fazendo, ficamos como o sal insípido e perdemos nosso valor. Podemos até dizer que somos a pessoa certa no lugar errado.

Devemos ainda entender que é nossa conexão com a fonte que nos dá esse sabor, que nos põe no lugar certo para fazer a coisa certa. Quando nos desconectamos do nosso Criador, desviamo-nos de nossa vocação e de nosso propósito e perdemos a visão de como fazer acontecer.

Mais uma vez, ressaltamos: o fato de saber você quem é (identidade), quem não é (mentira) e quem irá se tornar (como Deus quer você) é decisivo para direcionar sua vida profissional.

Se acreditarmos nas mentiras a nosso respeito, iremos escolher o caminho errado, por pensar que não somos capazes. Nós escolhemos nossa área de atuação (vocação), o que vamos fazer, mas se nossa identidade estiver deformada e não soubermos quem somos de fato, corremos o risco de viver dias sombrios, sem alegria, em que as horas não passam e estamos constantemente enfadados.

No entanto, se soubermos quem somos, iremos nos tornar quem devemos ser e estaremos submissos ao nosso propósito, que é a motivação de acordar todos os dias com a força de um leão para vencer.

O leão que vive na savana acorda vigoroso, ciente de que vai caçar e defender os seus. Ele é o rei da selva. Já o leão que vive no zoológico nem quer acordar, não há propósito para ele ali. O mesmo ocorre com as pessoas sem objetivos, que se sentem imprestáveis para salgar o mundo.

É certo que nosso trabalho deve ser escolhido de acordo com as habilidades que possuímos, pois elas são a expressão de nosso Criador em nosso DNA.

Todavia, quando estamos na profissão errada ou não estamos no lugar certo, devemos honrar esse local e essa atividade, vencer essa fase e, como vencedor, avançar para outra, talvez em um local ou em uma atividade diferente.

Como já dissemos, se sairmos como derrotados ou com energia baixa desse local, iremos para outro sem o passaporte de entrada, e o preço, mais cedo ou mais tarde, será cobrado de nós, e pode ser mais alto do que imaginamos.

AS PRIORIDADES DA VIDA

Para isso, seja sua melhor versão com os recursos de que dispõe, até que chegue o dia da mudança. Dê seu melhor, faça seu trabalho atual com amor e dedicação, dedique a Deus seus afazeres, santifique cada atividade e então planeje, sonhe com seu futuro e acredite que você é alguém com muita chance de vencer.

> **Se escolhermos nossa profissão de acordo com nossos dons e talentos naturais, a execução das tarefas se tornará muito mais leve, embora isso não signifique que não haverá dificuldades ou tempos difíceis.**

Para ser jornalista e fazer boas reportagens, por exemplo, é importante ser comunicativo, entusiasmado, extrovertido, sociável, carismático e até persuasivo. Se a pessoa já possui essas habilidades, será muito mais fácil e natural seu desempenho nessa profissão. Para quem possui esse perfil, as horas passarão sem que ele perceba, o trabalho será leve e dinâmico e a motivação se manterá aquecida na busca de novas matérias. Ele não se sentirá consumido pelo trabalho e encontrará satisfação e qualidade de vida no desempenho de sua função.

No entanto, se com essas habilidades ele decidir trabalhar com pesquisas científicas, certamente se sentirá entediado. Seu esforço será intenso na busca de foco, precisão, organização e disciplina, habilidades necessárias a esse tipo de trabalho. Será muito difícil ele se sentir realizado ou alegre nessa profissão, pois estará fora do propósito de Deus para ele, uma vez que foi projetado com dons naturais para certa atividade e agora precisa desenvolver talentos que lhe são pesados e "artificiais" para outro fim.

Desse modo, terá a impressão de ser a pessoa certa, mas no lugar errado, e a frustração e sensação de fracasso em casos assim são imensas.

Você deve se perguntar: "Já sei o que Deus quer de mim? Sei qual é minha vocação e o meu propósito?".

Pode ser que você descubra que não sabe ou que está no lugar errado. Nesse caso, precisará de um planejamento para mudar de carreira e viver seus melhores dias. Mas isso pode levar tempo, e é importante que você caminhe com esperança a respeito da nova fase que está por vir.

Além disso, inclua Deus em seu futuro e se pergunte: "O que Deus quer de mim?". Então, permita que ele o conduza rumo ao seu futuro merecido.

Há um texto bastante conhecido que diz: "Conhecereis a verdade, e a verdade vos libertará" (João 8.32, *Almeida Revista e Atualizada*). Quando conhecemos a verdade a nosso respeito, nada mais poderá nos impedir de ser quem nascemos para ser.

Assim, você poderá efetivamente ocupar seu lugar na esfera social que lhe foi reservado por Deus e cumprir o propósito pelo qual foi chamado. Afinal, "a realização pessoal de um indivíduo se encontra no que ele faz pelo outro, não por si mesmo"[14].

Sem dúvida, você saberá exatamente o lugar que seu trabalho deve ocupar em sua vida e lidará com ele de forma equilibrada, como prioridade que é.

Desse modo, ao final de cada dia de trabalho, você se sentirá amado por Deus, por você mesmo, pelo cônjuge e pelos filhos e encontrará valor no trabalho.

---

14 Paulo Sérgio Fernandes, **Vocação 360º**, p. 159.

AS PRIORIDADES DA VIDA

Da mesma forma, questione-se para saber se você entregou amor a você mesmo, ao cônjuge e aos filhos. Não deixe lacunas. Não importa o tempo direcionado, e sim a entrega e a dedicação verdadeira e com qualidade para suprir essa ordem de prioridade. Assim, após preencher essa ordem, estará apto para se conectar aos outros.

Pelo que foi explanado até agora, em 24 horas você tem de se sentir amado e completo nesses cinco níveis dentro do ciclo. Deve, portanto, se encher pela manhã (com a fonte divina) e depois dissipar sua energia com os outros níveis. Então, ao se deitar para dormir, irá descansar com a sensação de que entregou tudo e, portanto, estará vazio e irá se ligar novamente à fonte, em um ciclo sem fim.

Teremos essa sensação depois de supridos em todas as prioridades, ou seja, abastecidos na fonte que é Deus, depois de sentir seu amor por nós e nos amarmos — por exemplo, fazendo atividades físicas e cuidando da saúde. Depois de entregarmos amor ao próximo (cônjuge/família), preparando o café da manhã com muito carinho; aos filhos, levando-os à praça no final da tarde para andar de bicicleta e conversar; ao trabalho, executando as tarefas com alegria e dedicação e cuidando para que pessoas fossem tocadas e alcançadas pelo que fizemos.

Nas 24 horas do dia, precisamos nos sentir amados nesses cinco níveis de prioridade, sempre lembrando que cada momento deve ser vivido com intensidade e plenitude. Lembre-se: não é sobre o tempo que você dedica a cada uma dessas cinco áreas, mas sobre a intensidade de sua entrega a elas no tempo que você tem. No momento em que passamos com Deus, enchemo-nos dele. Então, precisamos dar atenção a nós mesmos, pois não somos multitarefas, lembra? Isso serve para o cônjuge, os filhos e a família (para os solteiros).

A conexão deve ser real sempre que estivermos juntos, e cada momento é uma oportunidade para gerar conexões do coração, dar e receber amor mutuamente. Precisamos ser intencionais em nossos atos, para que a prioridade encontre seu lugar. Por fim, temos nosso trabalho, pelo qual sempre tocaremos as pessoas. O que fazemos começará em nós, mas o resultado do que fazemos alcançará os outros.

Contudo, se no fim do dia, ao nos deitarmos, tivermos a sensação de que continuamos cheios, que não entregamos o melhor de nós à nossa hierarquia de prioridades, então não estamos obedecendo à ordem ideal.

Quando iniciamos o dia cheios e terminamos cheios, com a sensação de não termos feito nada importante, de não termos produzido e nos esvaziado como deveríamos, isso é obesidade existencial e terá como consequência o sentimento de que não somos capazes ou bons o suficiente. Passaremos então a valorizar mais quem não somos do que quem somos em nossa essência.

Portanto, devemos entender que começamos o dia com Deus nos abastecendo e nos preenchendo e terminamos nas pessoas, ao deixar transbordar o mais perfeito amor, que cumpre e cumprirá um ciclo sem fim. Isso certamente construirá uma história poderosa, com vínculos fortes, que se perpetuarão na vida de nossos descendentes.

Percebe então a potência, a infinitude que há na obediência a essa hierarquia?

Desafios da quinta prioridade

Só depois que você entende que o amor começa em Deus, e depois de conhecer o Perfeito Amor (Deus), será capaz de amar a você mesmo (amor-próprio) e conectar a pessoa com quem você escolheu compartilhar sua vida até o fim. Desse relacionamento amoroso virão aqueles que serão beneficiados pelo transbordar do seu amor. Só depois dessa corrente onde os elos são revestidos de amor é que você será legítimo para ser feliz profissionalmente. Para melhorar a conexão com seu trabalho e os níveis de prioridades, sugerimos que dê os seguintes passos:

- Enumere as cinco atividades que você mais executa durante o dia; em seguida, escreva o sentido de cada uma, mas cuidado: não pode ser o sentido que aquela tarefa tem para você; antes, para as pessoas que serão beneficiadas pelo que você faz (por exemplo: "xerografar documentos de um processo — possibilito juntar cópias que irão amparar os direitos das pessoas perante o juiz, contribuo para que a justiça seja feita e cumprida").

AS PRIORIDADES DA VIDA

- Quando alguma tarefa parecer sem sentido, traga para o consciente o sentido dessa tarefa, desde lavar uma louça até os afazeres do trabalho, e glorifique a Deus com seus talentos, seus dons e sua vitalidade.
- Todos os dias, ao entardecer, faça um exame de consciência, para saber se você se abasteceu da fonte devida e se esvaziou para o outro, na ordem das prioridades; comprometa-se a atender diariamente a essa ordem.

CAPÍTULO 7

Networking

> Por causa da natureza penetrante do entrelaçamento de partículas atômicas, o relacionamento não depende de distância e não precisa de qualquer ligação física. Tudo e todo mundo está ligado, e todos nós afetamos uns aos outros.
>
> CAROLINE LEAF

> Comece a dar passos, não seja mais um contato salvo no celular de uma pessoa, aja de forma que realmente faça a diferença na vida de alguém.
>
> DIRCE CARVALHO

O que é *networking* e como o mundo o apresenta

Networking nada mais é que uma rede de relacionamentos. Todavia, ao trabalhar esse conceito tão amplo, convém lembrar que relacionamentos são construídos por pessoas, que pela própria natureza humana possuem o desejo de se associar entre si.

O conceito puro de *networking* implica muitas vezes uma ideia mercantil e fria, qual seja: conectar-se para receber algo, conectar-se com o outro pelo que ele tem e pelo que ele pode nos beneficiar, profissional e economicamente.

Então, ainda que no âmbito profissional, por se tratar de pessoas, repelimos a ideia de se conectar a um ser humano enxergando-o apenas como uma oportunidade, pois, se assim pensássemos, nossa ambição e nosso egoísmo superariam toda a mágica da conexão.

Quem é visto assim sente-se usado e consequentemente não irá confiar em nós, não abrirá seu universo por completo. A conexão será superficial, e não se adentrará a um mundo de possibilidades.

Desse modo, a relação com o outro acaba sendo temporária, e, quando surgirem novas oportunidades, ele irá se conectar com outras pessoas, pois não criamos uma relação verdadeiramente sustentável, não cativamos o outro na hora de nos relacionarmos. Assim, perdemos a chance de nos fortalecer e de compor uma rede de relacionamentos sadia e duradoura.

Neste capítulo, mostraremos como desenvolver não só um modelo ideal de *networking*, mas, muito mais que isso, instigaremos o desenvolvimento de uma rede de relacionamentos saudável e legítima e identificaremos a base que sustenta os relacionamentos.

Não trataremos aqui da conexão entre pessoas cujo propósito é causar dano umas às outras, pois não entendemos como *networking* essa relação, principalmente quando se configura doentia. Não é esse o objeto de nosso estudo, até porque parece estranho duas ou mais pessoas se relacionarem com o fim de causar prejuízo umas às outras.

Assim, para uma melhor compreensão do assunto, dividimos o *networking* em três tipos: *networking* de tomadores, *networking* de trocadores/compensadores e *networking* de abundância/legítimo.

Networking de tomadores

Networking de tomadores é aquele em que a pessoa se relaciona com o outro com a mentalidade única de obter vantagem para si, independentemente do benefício que proporcionará na relação. O único interesse é tirar proveito da situação, o que pode acontecer de modo consciente ou inconsciente.

Os tomadores interessam-se pelo que o outro tem. São atraídos por propostas, ou seja, não existe propósito nessa ideia. Eles abrem mão de valores por causa de seus interesses.

Trata-se de uma mentalidade pobre, não abundante, que deve ser evitada a todo custo.

Relações desse tipo não se sustentam por muito tempo e até fecham portas, pois leva o outro a se sentir enganado e usado, o que obviamente torna o relacionamento superficial, distorcido e efêmero.

Esse tipo de relação é exemplificado na história de Lucila, uma mulher linda e atraente, que despertou a paixão de João, dono de uma grande rede de empresas.

NETWORKING

Lucila não havia ainda se envolvido com João, mas era notável a paixão que ele nutria por ela. Percebendo isso, o diretor do grupo concorrente contatou Lucila e lhe fez uma proposta indecorosa: envolver-se intimamente com João, a fim de descobrir a senha da rede usada em suas empresas, que lhe permitia gerir e administrar milhares de clientes, que sustentavam então todo o poder que ele detinha por meio daquelas empresas. Em troca, ela receberia uma quantia milionária.

Lucila aceitou a proposta, e logo o empresário estava totalmente rendido àquela paixão. Ela então passou a pedir provas do amor dele e de sua confiança nela — a informação que o concorrente desejava. João relutou de início, mas diante da insistência dela acabou cedendo e lhe deu acesso a todas a informações que formavam a base de sua rede empresarial. Lucila então repassou as informações à pessoa que a contratara e recebeu seu dinheiro.

No outro dia, João foi acessar suas redes de clientes e percebeu que não havia mais nenhuma informação em seu banco de dados. Sem essa ferramenta, sua ruína foi decretada. Por sua ingenuidade, foi ainda motivo de chacota e de perseguições.

O grupo concorrente, que agora detinha a posse e o controle de tudo que ele possuía, convocou-o para uma reunião, como que querendo lhe fazer alguma proposta. Estavam presentes os mais importantes diretores. Ao perceber que o motivo da reunião era na verdade humilhá-lo ainda mais, João, sentindo-se fraco e sem enxergar uma solução, reuniu suas últimas energias, apossou-se da arma do segurança, atirou em todos os que estavam na sala e depois em si mesmo.

Trágico, não? E se eu disser que é uma história verdadeira, apenas adaptada a outro cenário? Infelizmente, histórias desse tipo são comuns em relações nessa modalidade.

Agora perguntamos: qual a participação de Lucila naquelas mortes? Talvez você responda: "Nenhuma. João era fraco e desequilibrado, e foi o concorrente quem o arruinou"; ou: "O segredo dele poderia ter sido descoberto por outra pessoa", e assim por diante.

Concordamos em que Lucila talvez não tenha sido diretamente responsável pela tragédia. Mas indiretamente, de algum modo, ela foi responsável, sim, por tanto sangue derramado.

Muitas vezes, o que nos parece inofensivo — uma conduta, um apoio, uma fala de incentivo a algo ilícito ou desprovido de valores e princípios, como relacionar-se para obter vantagens à custa de alguém — pode destruir, matar e aniquilar pessoas, sonhos, projetos, famílias e vidas. É o que nossa história ilustra.

Por isso, antes de se relacionar ou de praticar um *networking*, esteja consciente dos impactos desse relacionamento, das consequências de sua postura.

> # Abandone a postura de tomador, de quem tenta a todo custo tirar vantagem da relação, sem se importar com o outro.

Na referida história de Lucila, destacamos também aquele que lhe fez a proposta indecorosa. Ela partiu de alguém que acha que o dinheiro pode comprar tudo, que não levou em consideração as consequências de sua conduta.

Essas pessoas que possuem dinheiro, poder e influência, mas são vazias de princípios e valores, agem por proposta e costumam usar a típica frase: "Você sabe com quem está falando?". Como se o que elas fazem ou possuem superasse a força que o ser humano carrega em sua essência!

Traga os relacionamentos para a consciência, pense nos impactos de suas relações. Não dê brechas a conexões que tirem sua paz, nas quais alguém precisa perder para você ganhar. Não tenha sangue nas mãos, ainda que de modo indireto, nem carregue o peso das consequências de atitudes que levam o outro à ruína.

Não esqueça: se a relação não é boa para ambos os lados, não será benéfica para ninguém. O custo de carregar o peso e as consequências de condutas arbitrárias nas costas é incalculável, e alguém pagará por isso.

Lembre-se: proposta tem preço, e propósito tem valor, e este não está à venda!

Para melhor fixação do assunto e para trazê-lo ao consciente, convidamos você a deixar de lado todas as justificativas, a se despir das máscaras de seu coração e parar um minuto para refletir:

- Em quais relacionamentos e oportunidades sua intenção foi semelhante à de um tomador, ou seja, em quais momentos você se relacionou visando obter proveito, independentemente de prejudicar o outro ou não? Obs.: Talvez isso esteja acontecendo no trabalho: você não está produzindo o que esperam ou fazendo "corpo mole", inventando desculpas e problemas inexistentes para faltar ao serviço. Talvez esteja se aproximando de alguém apenas para ganhar algo ou obter proveito econômico. Talvez, para ser aceito ou popular em um grupo, confidenciou conversas e segredos que causaram grandes problemas. Talvez tenha entrado em um relacionamento para se satisfazer, sem pensar nos sentimentos da outra pessoa ou mesmo sabendo que iria feri-la.
- Reflita sobre o que vem ao seu coração e responda: isso lhe traz paz ou é pesado? Que sentimento isso lhe traz? O que você pode aprender com isso? Quais as consequências dessa conduta?

Networking de trocadores/compensadores

Essa modalidade de *networking* pode ser entendida como aquela em que as pessoas se relacionam entre si pensando no que podem oferecer e no que podem obter de benefícios e oportunidades, ou seja, trata-se da relação que pretende ser, de alguma forma, benéfica para ambas as partes.

Esse *networking* é considerado sadio, pois obviamente não há nada de errado em se relacionar para entregar algo e receber algo. E, para ser de fato uma relação sadia, ambas as partes devem entregar o que propuseram.

Essa modalidade possibilita um relacionamento de confiança, que também pode ser duradouro. Para tanto, exige-se intencionalidade e a consciência de dar e entregar, como ocorre em parcerias, permutas e alguns tipos de contrato.

Quando nos interessamos pelo outro, não pelo que ele possui, especialmente pelo que podemos e vamos entregar, tudo muda de figura. Nessa ideia, há valores e princípios, e somos movidos por propósito, não apenas por propostas.

Em uma tribo indígena, um chefe guerreiro de confiança do cacique tramou, por inveja da tribo vizinha, a morte de todos os homens daquele clã. O cacique acatou a ideia, de modo que um povo inocente seria exterminado.

Todavia, a esposa do cacique, chamada Tainá, ao saber da injustiça que seria praticada e ciente de que os homens da tribo vizinha eram bons e leais, criou um plano para se conectar com o marido e evitar aquele extermínio. Para isso, organizou um banquete temático em homenagem ao chefe da tribo.

O cacique deixou por uns momentos os afazeres e decisões inerentes ao seu posto e foi se juntar à esposa. Ali se sentiu extremamente amado e agradecido por aquele gesto de carinho. Ele então se deu conta de quanto amava a esposa e lhe disse que, por gratidão àquele momento e pela importância que ela representava em sua vida, poderia pedir o que quisesse, e ele o faria. Tainá, imbuída de compaixão e de amor verdadeiro, respondeu que, se fosse do agrado dele, que poupasse a vida daquele povo inocente. O cacique atendeu ao pedido.

Ao contrário da história anterior, sair da omissão, entrar em ação para ajudar e ser ajudado para contribuir e receber contribuição, mesmo que intencionalmente, torna a relação harmônica e cria um campo de frequência benéfico, que se perpetuará e refletirá amplamente no mundo à nossa volta.

Reflita: qual a participação de Tainá naquelas vidas? Qual o impacto que ela, ao fazer que aquele povo fosse poupado, exerceu sobre as famílias, os amigos, a região, os filhos que viriam e os filhos dos filhos?

Direta e indiretamente, ela agregou e evitou uma tragédia, pois de modo intencional se conectou para oferecer algo, mas buscando também receber algo, embasada em seus princípios e valores.

Quando deixamos de contribuir, de atuar, de nos posicionar e de buscar conexões para entregar nossos talentos, mesmo para receber algo em troca, vidas são poupadas, valores são agregados e o mundo é transformado.

Imagine se todos os que possuem talento para ser professores se recusassem a ensinar ou se os médicos quisessem todos se aposentar; se todos os agricultores desistissem de plantar; se as pessoas responsáveis pela coleta de lixo não mais passassem pela sua porta; se todos os adultos não quiserem mais ter filhos ou se relacionar.

Pois é, diante de tais percepções, fica evidente que dependemos uns dos outros e que estamos interligados, como em uma rede infinita.

Para levar você a pensar de modo amplo e no longo prazo, responda: quantos empregos você ajudou a manter por ser cliente assíduo de algum estabelecimento? Quanto seu professor do primário contribuiu com a base do conhecimento que você possui hoje? Quantas vidas você impactou apenas por ensinar algo que lhe foi transmitido ou por comprar algo que possibilitou expandir a vida de alguém? Quantos filhos foram privilegiados porque em uma discussão boba com o cônjuge alguém incentivou o matrimônio e apoiou o fim da briga? Quantas gerações são impactadas pelas condutas que nos parecem simples, como um voto em uma eleição ou mesmo um costume familiar que se perpetua?

O mundo prega que devemos pensar apenas em nós e que o outro, ao se beneficiar de algo que oferecemos, "sai ganhando à nossa custa". É uma filosofia rasa e egoísta, pois ignora o fato de que estamos todos em uma rede sem fim, na qual cada um afeta diretamente a vida do outro.

Estamos certos de que você tem muito a contribuir, mas quando, por omissão ou por falta de posicionamento, você deixa de se relacionar e entregar ao outro o que há de melhor em você — sua singularidade, que faz falta no mundo —, alguém paga o preço por isso.

A física quântica, segundo a lei do entrelaçamento, diz:

Quando duas partículas estão entrelaçadas quanticamente, elas se comportam como se fossem uma só, mesmo que estejam separadas por um universo todo de distância. Assim, é possível medir apenas uma delas e obter informação sobre a outra. E, como vimos anteriormente, informação, nesse contexto, é energia[1].

---

1 Disponível em: <https://www.tecmundo.com.br/fisica/27839-entrelacamento-quantico-quebra-segunda-lei-da-termodinamica.htm>. Acesso em: 23 jun. 2023.

De acordo com essa lei, fica evidente que relacionamento não depende de distância, nem de ligação física, nem de estar próximo daquele com quem nos relacionamos. Tudo está conectado. Todos nós estamos conectados.

Ainda segundo a lei do entrelaçamento, suas conexões, boas ou não tão boas, geram inevitavelmente impacto e energia, e essa frequência, ao se dissipar, reflete em comportamentos semelhantes em alguém ou em algum lugar.

Que tipo de energia você está gerando com suas atitudes diárias? Que impacto sua conduta (no exercício de um talento ou da profissão, ao ensinar algo ou mesmo deixando de fazer seu melhor) reflete nas relações, no mundo e na vida daqueles que você ama e com quem se relaciona?

O que você faz tem valor sobre você, sobre o outro e sobre o mundo.

Por isso, sugerimos nessa relação interpessoal não só a consciência e a intencionalidade na conduta, mas, acima de tudo, a entrega do melhor de você, de mais do que esperam de você, para então fazer a diferença e virar referência nessa rede infindável, nesse ciclo sem fim.

Agregue, conecte-se, contribua com a relação com um toque de seu DNA divino e único. Ao se relacionar com uma alma humana, seja apenas outra alma humana.

Para selar o *networking* sadio, agradável e duradouro, incentivamos você a aprimorar tal prática com a seguinte assertiva: seja diplomata! Em todos os relacionamentos, exerça a diplomacia.

Jamais se esqueça de que sempre iremos precisar das pessoas. Se você algum dia pensou que não precisa de ninguém, então responda: quem faz o pão que você come? Quem tira o lixo que você junta? Quem pegará nas alças do caixão quando você morrer? Lembre-se: sempre precisaremos uns dos outros. Logo, sejamos diplomáticos nos relacionamentos, para assim expandir a consciência da generosidade, que é a chave da prosperidade.

Convidamos você mais uma vez a refletir:

- Em quais relacionamentos e oportunidades você combinou algo, mas entregou mais do que poderia, apenas por pensar no bem do outro, sem a pretensão de receber algo também? Como se sentiu? Obs.: Pensar em algo diferente de relacionamento amoroso que não deu certo, pois nesse caso, na maioria das vezes, o doar amor ou fazer algo carrega não só o objetivo de dar amor, mas também de conquistar amor e se sentir amado.

- Em quais relacionamentos e oportunidades você combinou algo e recebeu mais do que poderia? Como se sentiu?
- Reflita sobre o que vem ao seu coração e responda: isso lhe traz paz ou lhe é pesado? Que sentimento isso lhe traz? O que você aprende com isso?

Networking de abundância/legítimo

Nesse *networking*, não há interesse no que o outro irá oferecer, mas no que vamos entregar a ele. É quando nos relacionamos em prol do outro, independentemente se iremos receber algo ou não. Nesse caso, a pessoa se relaciona com o outro para doar sem esperar nada em troca, às vezes até anonimamente.

Para evitar confusão, estabeleça a diferença entre dois tipos de doadores: o ingênuo e o legítimo.

O doador ingênuo é aquele que doa sem pensar nos efeitos de sua conduta, se seus atos implicam prejuízo para si, sua família e sua segurança, entre outros. É aquele ato que impossibilita que pessoas cresçam e se desenvolvam, por causa de uma conduta deliberada ou negligente. Logo, sua essência não é de abundância.

O doador legítimo é aquele que sabe entregar sem causar prejuízo ou danos a si mesmo ou aos familiares, pois, para ganhar, ninguém precisa perder.

Vale ressaltar a ideia de que ninguém é tão pobre ou tão vazio que não tenha nada a oferecer — uma palavra, a presença, o tempo. Você sempre terá um dom, um talento ou algo a acrescentar na vida de alguém.

Praticar o *networking* legítimo é acima de tudo um ato de confiança, pois a pessoa sabe que está dando aquilo que tem, que lhe foi dado e que não lhe faltará.

No *networking* legítimo, transbordamos nossa essência e com isso produzimos um renovo, que pode ser associado a águas correntes entrando em uma represa parada. A represa sem vazão vai acumulando impurezas, ao passo que, quando entregamos o melhor de nós ao outro, criamos uma rica fonte de água, que faz correr um fluxo de água viva, inesgotável e límpida.

Esse *networking* é considerado não apenas sadio, mas extraordinário — porque excede o trivial, o senso comum.

Mas qual a magnitude de dar algo para receber algo? Obviamente, não há nada de errado em dar para receber, até porque se trata de um requisito econômico para a sobrevivência da sociedade.

Não entramos aqui no mérito de se formar um relacionamento de confiança ou duradouro, até porque não se exige apenas a intencionalidade cognitiva. Esse *networking*, para ser legítimo, exige a intencionalidade emanada do coração e decorrente do caráter, de princípios e de seus valores. Nesse caso, você precisa ser, acessar sua essência, para então fazer.

Em um hospital, havia alguns doentes acometidos de uma enfermidade desconhecida, para a qual, naturalmente, ninguém conhecia a cura. Certo dia, um notável médico visitou aquele hospital e passou pela ala onde estavam internados os portadores da doença. Aqueles doentes não eram de sua responsabilidade; no entanto, por conhecer a fama daquele profissional, pediram sua ajuda, na esperança de que ele encontrasse uma solução.

O médico, que tinha um espírito generoso e altruísta, resolveu atendê-los e empenhou toda a sua experiência e todo o seu conhecimento na busca da cura daquela enfermidade. Depois de alguma pesquisa, ele conseguiu identificar a doença, e logo foi possível iniciar o tratamento. Como resultado, todos foram curados. Os pacientes receberam alta, voltaram para casa, e cada um retomou sua vida. Em pouco tempo, haviam se esquecido até de quem os salvara.

Bem, nem todos. Um deles voltou ao hospital e procurou o renomado médico para lhe agradecer e mostrar seu reconhecimento, pois sabia que aquele grande profissional não ganhara nada por aquele trabalho: fora um ato de puro amor. O homem que teve sua vida restaurada declarou que seu benfeitor estaria em suas orações para sempre.

Essa atitude chamou a atenção do médico, que parabenizou o homem por extravasar aquele sentimento de gratidão. Ressaltou que o fato de ele ter voltado para agradecer era decorrente do que trazia no coração. Por causa disso, acrescentou, não só aquela enfermidade fora curada, mas tinha certeza de que também seria salvo de muitas outras doenças, pelo simples fato de quem ele era em sua essência.

Com base nessa história, vamos falar dos receptores, aqueles que foram beneficiados pela conduta desse *networking* legítimo. Podemos perceber que esses receptores estavam imbuídos de duas mentalidades: a de escassez e a de abundância.

A mentalidade não abundante ou de escassez está ligada à figura clássica dos tomadores, aqueles que desejam apenas tirar proveito para si, sem se importar com o outro. Essa mentalidade é bem evidente na história, pois representa a maioria.

Já os receptores com a mentalidade de abundância se sentem agradecidos, reconhecem o que lhes foi dado e veem nesse ato um alento para o coração, pois têm a mente voltada para a prosperidade. Embora não tenham recursos financeiros, possuem abundantes recursos emocionais.

Recebedores com mentalidade de abundância irão replicar na vida de alguém, ainda que de forma inconsciente, o bem que receberam, que pode ser uma ajuda emocional, espiritual ou material. Não importa a natureza do que ofereçam, pessoas abundantes transbordam boas ações para a vida de outras pessoas.

A história acima mostra que nem todos reconhecerão o *networking* legítimo quando praticado, até porque não se trata de reconhecimento: não diz respeito ao que o outro fará ou como ele agirá. O *networking* legítimo diz respeito apenas a você mesmo, à sua mente de abundância e de confiança, norteada pelos valores que carrega no coração, até porque não consiste em quanto você dá, e sim no quanto está disposto a abrir mão.

Talvez o mais impressionante nessa história seja o fato de que todos foram curados, porém apenas um voltou para agradecer. Mas a ideia aqui também é mostrar que o princípio da generosidade está ligado à entrega do melhor da pessoa, sem mesmo saber o que receberá em troca.

É por meio da entrega nessa modalidade que transformamos o mundo à nossa volta e causamos impacto à vida das pessoas, às vezes constrangendo-as à mudança.

Nesse aspecto, convém citar Jesus Cristo, pois ele foi o grande exemplo de alguém que praticou incessantemente o *networking* legítimo. Ele se conectava aos outros para transbordar e entregar o melhor de si e era abundante e próspero. Essa era sua verdadeira essência e seu nobre *mindset*. Melhor exemplo não há, e, sem dúvida, seus atos são fontes de inspiração para nós.

Não obstante, vale lembrar que as pessoas só conseguem transbordar aquilo de que estão cheias. Por isso, não espere reconhecimento, mas, ainda assim, entregue sempre seu melhor para impactar o mundo à sua volta, pela lei do entrelaçamento.

Também chamamos sua atenção para um ponto importante: não culpe ninguém por ter uma mentalidade escassa ou por ser um típico tomador. Ninguém pode entregar aquilo que não recebeu ou que não conhece. Um pai que não se sentiu amado quando criança terá grandes chances de não saber como dar amor aos filhos. E quem busca culpados acaba punindo inocentes. Nesse *networking*, a mentalidade de abundância lança fora não só a necessidade de reconhecimento, mas também o julgamento.

Como analogia, imagine que está segurando uma taça cheia de néctar divino e alguém esbarra em você: o que transbordará no outro? Alguém com um copo cheio de veneno esbarra em você: o que derrubará?

Pense um pouquinho e responda com sinceridade: o que você anda transbordando nas pessoas quando alguém esbarra em você, em suas ideias, em sua zona de conforto? Do que você está cheio hoje? De que deveria se encher?

Ainda com referência à história, convém destacar que a postura daquelas pessoas que não se lembraram de agradecer nem de longe diminuiu a atitude daquele profissional, justamente porque ele sabia quem era, com que havia contribuído e estava ciente do impacto de suas ações sobre aquelas pessoas, os familiares e a sociedade de modo geral.

Assim continuou a praticar suas boas obras, independentemente de elogios ou de reconhecimento, por saber em seu coração que as conexões legítimas, quando realizadas com pessoas tomadoras (de mentalidade abundante), não retira a grandeza nem a semente da abundância e da prosperidade que compõe o núcleo dessa ideia.

Além disso, se fôssemos inserir você na história, qual dos pacientes seria você: aquele que voltou para agradecer ou um daqueles que simplesmente seguiram com sua vida?

Lembre-se de que todos os dias recebemos dádivas e novas oportunidades. Abrir os olhos já é um presente. E pasme: há pessoas que ainda não abriram os olhos hoje!

Aliás, quantos dias pegamos no sono sem ao menos pôr em prática um hábito tão simples e poderoso como o de fazer uma prece ao Pai da vida, de agradecer por estar vivo, por ter saúde e vitalidade ou tão somente por respirar? Quantas vezes ao dia nos comportamos como aqueles pacientes ingratos? Agimos como eles quando, por exemplo, deixamos de elogiar o sabor da comida a quem a preparou ou quando não enxergamos o valor de uma companhia sincera.

Portanto, ligue a antena da consciência e passe a agradecer diariamente por essas coisas tão simples, porém ao mesmo tempo tão valiosas.

Quando reconhecemos o que foi feito de bom ou pelo menos quando percebemos que o outro teve a intenção de nos beneficiar de alguma forma, entramos no campo da consciência para entender, receber e consequentemente entregar, em um ciclo sem fim. Para transbordar na vida do outro, precisamos reconhecer quando alguém transborda em nós, por nós ou para nós.

Portanto, é necessário também saber receber. Muitos têm dificuldade para receber, para ser receptivo quando alguém deseja lhe oferecer algo, mas, para sermos prósperos, devemos estar abertos para o melhor que a vida possa nos proporcionar.

Se você já tem o hábito de reconhecer e expressar o que lhe foi entregue de bom, é porque carrega um requisito que compõe a mentalidade de abundância. Ainda assim, incentivamos você a aprimorar esse valor tão nobre.

É evidente que a mentalidade de abundância pode ser trazida para o consciente e que também pode e deve ser treinada e desenvolvida por você.

Reflita por um momento:

- Em quais relacionamentos e oportunidades alguém lhe entregou algo ou lhe prestou algum serviço sem a pretensão de receber algo em troca? Como se sentiu?
- Em quais relacionamentos e oportunidades você fez algo por alguém sem nenhum interesse de retorno? Como se sentiu?
- Reflita sobre o que vem ao seu coração e responda: essa atitude lhe traz paz ou pesa em seu coração? Que sentimento desperta em você? O que aprende com isso?

A base sustentadora do *Networking*

Não poderíamos encerrar este capítulo sem falar da base que sustenta as boas conexões — sua família e as pessoas mais próximas.

Já vimos que, quando nos conectamos no mundo dos negócios, buscamos, via de regra, bons resultados. E, se quisermos um relacionamento duradouro e saudável, devemos nos esforçar de modo consciente para que isso se concretize.

No entanto, você já parou para pensar que não agimos dessa maneira dentro de casa, com nossa família, amigos e pessoas mais próximas? Chegamos em casa cansados, e cada um se concentra em seu celular e, desconectados uns dos outros, todos seguem a vida virtualmente. Perguntamos: qual a qualidade desse relacionamento? Qual a profundidade dessas relações? Existe o esforço ou a intenção de se estabelecer um *"networking"* sadio e duradouro?

Nessa situação, as relações doentias entre familiares só aumentam, a ponto de talvez seus membros nem se conhecerem mais. Convivemos em um lar que cobra resultados, tarefas, realizações. Sentamo-nos à mesa com os filhos e o cônjuge (se é que isso acontece) e então passamos a falar das contas, das notas na escola e dos contratempos em vez de perguntar sobre sonhos e medos, como foi o dia daqueles que amamos ou se precisam de algum apoio.

Você já perguntou qual foi o maior sonho de seu pai? Já conversou sobre o maior medo que sua mãe sentia na infância? Sabe o que seu filho espera da vida e que faça sentido para ele? Você conhece a essência daqueles a quem ama de verdade? Ou se limita a saber sobre o fazer e o ter, em relações rasas e vazias com aqueles que lhe são mais raros?

Não aprendemos a fazer isso, não fomos treinados para essa tarefa tão nobre, mas ainda hoje é possível mudar esse contexto. A própria rapidez do mundo, no qual em um minuto conseguimos conversar com dezenas de pessoas ao mesmo tempo, leva-nos a ignorar o que verdadeiramente faz sentido, e vamos nos afastando do foco como seres sociáveis que somos. Desse modo, deixamos de amar e de ser amados profundamente.

É uma boa hora para você fazer esse mergulho na vida das pessoas, a começar por aqueles que compõem as prioridades da vida, conforme explicamos em capítulo específico, elogiando-os e demonstrando verdadeiro interesse por eles.

Cumpre destacar ainda que se, dentro do lar, seus relacionamentos estiverem doentes, é porque suas raízes estão doentes, e, consequentemente, os frutos dos relacionamentos que você mantém fora da família também não serão saudáveis. Isso se aplica aos relacionamentos com os pais e irmãos, filhos e cônjuge.

Essa realidade se enquadra em pessoas casadas ou solteiras, pois, para vencer e ter sucesso na fase seguinte, é preciso que se tenha vencido a fase anterior.

Lembre-se: de nada vale a pessoa ter grande renome profissional, tornar-se o diretor mais notável ou ter o nome mais conhecido, se dentro de casa é um fracasso. Mesmo a pessoa mais respeitada do mundo, se ela é um fracasso dentro de casa, será um ser humano fracassado. A conquista do mundo inteiro não justifica o fracasso do lar!

Em suma, de que adianta alguém conquistar o mundo, mas perder a si mesmo, seus filhos e sua família?

Que aproveitará o homem se ganhar o mundo inteiro e perder a sua vida? *(Mateus 16.26, Tradução Brasileira).*

Mais uma vez, convidamos você a refletir um pouco:

- Como está a qualidade do relacionamento com seus familiares?
- Você costuma dedicar um tempo às pessoas de sua casa, para comerem juntos (desconectados do celular)?
- Você já conversou com sua família sobre a infância de cada um, seus sonhos e medos, sobre os momentos que consideraram os mais felizes e os mais desafiadores?
- Você e seus familiares têm algum sonho ou projeto em comum? Que tal planejar uma viagem juntos, a missão da família, ou um dia na semana para fazer algo juntos?

① Escolha uma pessoa para conversar (um desconhecido, um conhecido ou mesmo um familiar) e pergunte: "Quem é você?".

② Incentive a pessoa a falar dela mesma, de seus sonhos e das coisas que mais aprecia.

③ Não faça nenhum julgamento; ouça ativamente, demonstre verdadeiro interesse pela história da pessoa e observe a satisfação emanada em seus olhos.

④ Pratique o *networking* legítimo durante esta semana e traga ao consciente seu sentimento ao executá-lo.

CAPÍTULO 8

Modelando o Perfeito Amor

Primeiramente, desejamos destacar que consideramos a Bíblia nossa Carta Magna, Lei Maior, o Livro, que ampara e sustenta a ciência, a psicologia, bem como teses e pesquisas em várias áreas. É um livro muito antigo, porém traz tudo que foi publicado no jornal de ontem e é mais atualizado que o jornal de amanhã.

Muitos livros usam a Bíblia em sua estruturação, alguns de modo velado, outros de modo despercebido e muitos de modo declarado. Nela se baseiam livros de ciência, psicologia, comportamento, neurociência, vendas e muitos outros.

Queremos registrar ainda outra informação muito importante. Quando lidamos com a Bíblia, abre-se um portal entre o céu e a terra e é criada uma sinergia de muito poder. Esse portal conecta o ser humano ao Perfeito Amor.

Agora chegou o momento de revelar cada uma das histórias contadas nos capítulos anteriores.

No capítulo 1 ("Estou preparado?"), contamos a história do agricultor que virou comandante de um exército, que na verdade se trata de um personagem real e bíblico: Gideão. A história dele está registrada em Juízes 6 e 7.

No relato bíblico, consta que um anjo apareceu a Gideão, ressaltou o valor dele e anunciou que o israelita livraria seu povo das mãos dos midianitas.

Gideão pôs em dúvida aquele anúncio, porque não se achava preparado para tamanho desafio. Argumentou que sua família era a mais pobre, e ele, o mais fraco de sua família.

A justificativa de Gideão, sem dúvida, é a nossa, que em geral não nos achamos bons o bastante para enfrentar os grandes desafios que a vida nos propõe e dificilmente nos acharemos de fato preparados para avançar.

Tanto é que, mesmo diante de um anjo, Gideão pediu um sinal, tamanha sua descrença em si mesmo, mas foi atendido. O anjo solicitou-lhe que trouxesse alguns alimentos e, com seu cajado, ateou fogo neles. Depois disso, Gideão passou a crer e então reuniu seu povo.

Depois que Gideão convocou o exército, Deus lhe ordenou que reduzisse o número de soldados, pois queria deixar evidente que a vitória viria dos céus, não dos homens. Na primeira triagem, 22 mil homens voltaram para casa e 10 mil ficaram. E o número de homens combatentes foi reduzindo até Gideão partir com cem homens.

A estratégia elaborada por Deus e executada por Gideão e seu exército foi a de que na vigília da meia-noite, quando houvesse a troca da guarda, os israelitas tocassem as buzinas, quebrassem os cântaros que escondiam as tochas e clamassem: "Espada do SENHOR e de Gideão" (Juízes 7.20, *Almeida Revista e Corrigida*). O exército inimigo ficou desnorteado e fugiu. Os midianitas foram derrotados.

Essa narrativa deixa evidente que, quando nos unimos a Deus e lhe entregamos nossa história, ele faz infinitamente mais do que tudo que pensamos e acreditamos.

A força durante o preparo não virá de nós, mas do alto. Para isso, precisamos ter uma conexão com Deus e, acima de tudo, obediência e fé para entregar e nos orientarmos rumo às promessas do Pai.

Essa força e a constância do preparo nos fará resistir em tempos difíceis durante a busca do grandioso "o quê".

No capítulo 2 ("Comece pelo 'o quê'"), Gael é o nome fictício do personagem José do Egito, cuja história inicia-se em Gênesis 37.

Por invejar o amor e a grandeza dos sonhos de José, os irmãos venderam-no como escravo. Depois tomaram sua túnica e a sujaram de sangue. Eles a entregaram ao pai para convencê-lo que José fora morto por animais selvagens.

No Egito, José foi vendido como escravo, sofreu algumas injustiças, mas acabou interpretando um sonho do faraó e propondo uma brilhante saída para a crise que o Egito estava para enfrentar, de acordo com o sonho. Por causa disso, foi nomeado governador, cargo que ficava abaixo apenas do próprio faraó.

A interpretação do sonho se concretizou, e houve uma grande fome na região. Um dia, os irmãos de José foram ao Egito para comprar cereais. Foi quando José teve a oportunidade de testá-los, para saber se estavam arrependidos. Ele determinou que eles podiam voltar para casa, mas manteria Benjamim, o irmão mais novo, como escravo. Judá então se ofereceu para ficar no lugar do irmão, pois o pai deles não suportaria perder dois de seus filhos amados.

MODELANDO O PERFEITO AMOR

José então revelou sua identidade e mandou buscar toda a família para perto de si. E, por ter a essência de um homem honrado, perdoou os irmãos. Também estava convencido de que tudo fora plano de Deus, justamente para evitar que ele, o pai e os irmãos morressem de fome.

A história de José não deixa dúvida sobre sua retidão de caráter. É evidente que ele carregava princípios dentro de si, e sua mente estava voltada para Deus. Por isso, nunca blasfemou, mesmo vivendo anos como escravo e depois como prisioneiro. Seu coração era alimentado pelos nutrientes corretos, que dão sustento nos tempos fáceis, mas acima de tudo nos momentos difíceis.

Se José não tivesse optado por viver uma vida de princípios, com os olhos voltados para a própria essência e com um "o quê" robusto, a história de seu povo por certo seria muito diferente, talvez até tivesse sido dizimado pela fome.

Cumprir princípios, confiar em Deus e ter o "o quê" evidente no coração nos fazem entender que mesmo o que não dá certo pode nos levar ao nosso destino. Muitas vezes, o que almejamos é bom, mas o lugar aonde Deus quer nos levar é extraordinário.

José queria apenas ser pastor de ovelhas, mas as tragédias de sua vida levaram-no a ser governador do Egito, responsável por salvar milhares de pessoas, inclusive seu povo e seus familiares.

Portanto, entregue seu propósito a Deus e confie nele, especialmente nos grandes desafios, e viverá o extraordinário que o aguarda logo ali.

No capítulo 3 ("Autorresponsabilidade"), mostramos o contrário do que ocorreu com Judá, que assumiu seu erro, se arrependeu e tentou reparar o erro. A história trazida está registrada em Gênesis 3, quando Eva se deixou persuadir pela serpente, comeu do fruto proibido e o ofereceu a Adão, que também comeu.

Nesse momento, os dois assumiram o preço do pecado e da morte. Com o poder e o livre-arbítrio que possuíam, optaram "livremente" por desobedecer a uma ordem de Deus.

Quando Deus lhes pediu contas, o homem culpou a mulher, e a mulher culpou a serpente. Nenhum dos dois admitiu: "Sim senhor, eu sabia. Fui avisado, mas pequei. Reconheço que errei". Se eles tivessem se arrependido e assumido a responsabilidade, poderiam ter recebido a misericórdia de Deus.

Quando transferirmos responsabilidade e deixamos de assumir nossos erros, de sermos autorresponsáveis e de governar nossa vida, é porque não entendemos nossa culpa e vivemos no fracasso, com o falso consolo de que tudo é culpa do outro.

A história do mal na Bíblia começa com a serpente, na Criação, e termina como um dragão, em Apocalipse. Nossos erros e nossa falta de autorresponsabilidade alimentam o pecado e nutrem o Inimigo.

Para avançar, temos de assumir quem somos e retomar as consequências das escolhas que nos afastam de Deus, de nós mesmos e da mensagem que carregamos, pois é imprescindível entender que "todos nós temos um conteúdo".

Por isso, no capítulo 4 ("Todos nós temos um conteúdo"), contamos a história fictícia de um concurso para a invenção ou melhoramento de determinado tipo de microscópio interligado a computadores, que reflete a história real da batalha de Davi e Golias, retratada em 1Samuel 17.

Davi era o menor de todos os irmãos, apenas um garoto que cuidava de ovelhas. Os filisteus queriam escravizar o povo dele, os israelitas, então propuseram um duelo com Golias, um homem fortíssimo, com mais de 2 metros de altura. Se Golias vencesse, os israelitas se tornariam escravos dos filisteus; se perdesse, os filisteus seriam escravos.

Acontece que não havia nenhum soldado que tivesse a força nem a estatura de Golias. Então, Davi se apresentou ao rei Saul e declarou que combateria o gigante e que não havia o que temer, pois seu Deus lutaria por ele. O jovem mencionou que havia matado um urso e um leão que tentaram atacar seu rebanho. Ou seja, suas histórias de vitória lhe deram aquela confiança.

No coração de Davi, a vitória era evidente. Para ele, não havia como um servo de Deus perder a batalha para um infiel. Golias podia ser do tamanho que fosse, mas não carregava o Deus vivo, e isso fazia que Davi o encarasse como pequeno e fraco, pois confiava, não em si, mas no Deus todo-poderoso.

Davi venceu Golias, sem armadura e apenas com sua atiradeira, com a qual acertou uma pedra na fronte de Golias, que o desnorteou e o derrubou.

As declarações de Davi mostram que ele estava ciente do conteúdo que carregava, e esse conteúdo, com o qual venceu a batalha contra o gigante, era Deus. Ele sabia que não se tratava de estatura, poder ou idade, mas do Deus invencível e grandioso.

Uma das poderosas declarações de Davi a Golias demonstra que ele tinha plena consciência de seu conteúdo:

Você vem contra mim com espada, com lança e com dardos, mas eu vou contra você em nome do Senhor dos Exércitos, o Deus dos exércitos de Israel, a quem você desafiou *(1 Samuel 17.45).*

Muitas vezes, nosso conteúdo — nosso "o quê" grandioso — ou mesmo nossa autorresponsabilidade e preparo se perdem no meio do caminho, quando deixamos que a voz do acusador tire de nós a essência e a frequência de Deus. Por isso, atenção: é imprescindível silenciar essas vozes, que é justamente do que trata o capítulo 5 ("As vozes").

Para ilustrar o tema do capítulo, contamos a história de Helena, que representa Maria Madalena, a adúltera que os judeus queriam apedrejar (João 8). Foi a voz do acusador que levou até ele uma mulher apanhada no ato do adultério, que segundo a Lei de Moisés deveria ser apedrejada.

Jesus, abaixado, escrevendo com o dedo na terra, respondeu simplesmente que quem dentre eles não tivesse pecado atirasse nela a primeira pedra. Percebendo que todos haviam ido embora, porque nenhum deles, após tal consideração, se sentia apto a condená-la, ele também a absolveu.

Sim, Jesus foi o advogado de absolvição da mulher. Ele lhe deu uma reputação, sob o compromisso de que ela não voltaria a pecar.

Imagine como estava o coração de Maria Madalena, seu desespero, pois fora flagrada em adultério e morreria apedrejada.

No entanto, Jesus igualou a ela todos os que a acusavam. Ele lê os corações e reconhece cada intenção. Quantos ali, entre os que estavam com pedras nas mãos, também haviam cometido adultério — em ato ou em pensamento — ou mesmo feito coisas piores?

Decidir não criticar, não condenar e não julgar — você, Deus ou qualquer outro — é uma forma de se livrar da voz do acusador.

No mesmo capítulo, vimos que nossa mente e nossa vida estão sob o ataque das vozes do acusador, mas essas vozes se manifestam para nos desestruturar e nos destruir, portanto é necessário identificá-las e se livrar delas.

Se Jesus não o condena, por que você mesmo ou outro o faria? Não dê poder ao Inimigo. Nutra sua mente com bons pensamentos, internalize princípios e caminhe rumo à vida de abundância que o aguarda logo ali.

Foi para direcionar você rumo a essa vida de sentido, pela valorização daqueles que precisam ser atendidos na ordem de prioridades, que elaboramos o capítulo 6 ("As prioridades da vida"), que trata justamente desse assunto.

Como ilustração, contamos a história de um governante, que representa o rei Davi (2 Samuel 11), que se deitou com Bate-Seba, mulher de seu soldado Urias. Depois de engravidá-la, enviou Urias a uma batalha e determinou que ele ficasse na linha de frente das tropas, a fim de que fosse ferido e morto, como de fato aconteceu.

Com essa atitude, o rei de Israel violou princípios e se afastou de Deus. Como consequência, o filho dele com a mulher de Urias morreu, e outro filho dele violou sexualmente a própria irmã. E, também por causa da violação de princípios, vários outros episódios lamentáveis marcaram sua vida.

Na história de Gael, que retrata José do Egito, isso não aconteceu, porque este cumpria princípios e não desviava os olhos deles. Por causa disso, recusou várias vezes as investidas da esposa do oficial egípcio, que queria ir para a cama com ele. Diante da recusa dele, ela o acusou de assédio, o que lhe rendeu anos de prisão. Mas, pelo fato de ter cumprido princípios e de manter os olhos voltados para Deus, ele e sua família conheceram a prosperidade.

Nessa linha de raciocínio, convictos de que cumprir princípios é mandamento, apresentamos a ordem de prioridades a ser cumprida, a começar por amar a Deus acima de todas as coisas, criar intimidade com o Pai e conhecer o Perfeito Amor.

Abastecidos dessa maneira pelo amor de Deus, estamos aptos a entregar ao outro, e esse outro começa em nós na ordem de prioridade.

Refletimos também sobre o segundo mandamento, segundo o qual devemos amar o próximo "como a ti mesmo". Ou seja, cheio do amor de Deus, você deve se amar imensuravelmente, conectar-se com você mesmo, entender sua singularidade e seu DNA único, para então amar o próximo.

Na ordem de prioridades, em um mesmo dia devemos amar e nos sentir amados também pelo cônjuge (terceira prioridade), pelos filhos (quarta prioridade) e então levar nosso amor e nossa contribuição ao outro por meio de nosso trabalho.

MODELANDO O PERFEITO AMOR

Assim, no período de 24 horas, temos o compromisso de nos encher do Perfeito Amor pela manhã, a fim de atender às demais esferas de prioridade, ou seja, começamos com Deus e terminamos com o outro.

Observar essas prioridades e princípios nos faz encontrar sentido na vida, leva-nos a valorizar o que deve ser valorizado, evita arrependimentos e nos eleva a outro nível, além de agregar valor à vida de nossa família e daqueles que nos rodeiam.

Observar o outro permite que nosso coração esteja voltado para um propósito, jamais para propostas apenas, toda vez que nos relacionarmos ou que nos conectarmos com alguém.

Por esse motivo, incentivamos você a iniciar um *networking* legítimo, se quiser agregar valor à vida das pessoas e fazer a diferença no mundo.

Por isso, contamos no capítulo 7 (*"Networking"*) três histórias, sendo que uma delas é o melhor exemplo. A primeira é a de Lucila e João, que reproduz Juízes 16, cujos envolvidos são na verdade Sansão e Dalila, os quais retratam justamente o *"Networking"* de tomadores, um exemplo a ser evitado.

Sansão era um homem muito forte e que poderia salvar seu povo "facilmente". Quando ele entrou em Gaza, porém, os príncipes dos filisteus, com a intenção de destruí-lo, prometeram, cada um, a uma prostituta de nome Dalila 1.100 moedas, se ela descobrisse o segredo dele.

Dalila aceitou a proposta e conseguiu. De início, Sansão disse a ela que sua força provinha de coisas aleatórias, mas por fim acabou revelando que seus cabelos haviam sido consagrados a Deus desde o ventre de sua mãe e que sua força estava atrelada a eles.

Dalila revelou o segredo de Sansão aos filisteus, que lhe cortaram os cabelos e assim retiraram dele toda a sua força. Os filisteus, depois de capturar Sansão, deram uma festa, apenas para caçoar dele diante de milhares de filisteus, que comemoravam sua captura, ao mesmo tempo que celebravam seu falso deus Dagom, por atribuírem a ele aquela vitória.

Sansão, porém, pediu a Deus que lhe concedesse, pela última vez, força para destruir aqueles homens. Então, ele abraçou as duas colunas do meio do templo "e fez força sobre elas, com a mão direita em uma e com a esquerda na outra" (Juízes 16.29, *Almeida Revista e Atualizada*), de modo que a estrutura da casa caiu sobre Sansão e matou todos os que estavam no local, inclusive ele.

A atitude de Sansão mostra que, quando nos conectamos a alguém violando princípios, os efeitos podem ser desastrosos. Quanto à atitude de Dalila, o interesse pelo dinheiro e o direcionamento por proposta, combustível que move o mundo, tornam as relações pesadas e superficiais.

Essa história reflete o *networking* próprio dos tomadores, que começa com o objetivo errado e, com sua raiz doente, nunca produz bons frutos. Aprendemos com Sansão que não importa nossa força nem quão poderosos somos: se nos desconectarmos de Deus e deixarmos de viver princípios, nossa vida pode ser arruinada.

Além disso, para ilustrar como funciona o *networking* de trocadores/compensadores, descrevemos a história de Tainá e sua tribo indígena, que na verdade reflete a história da rainha Ester, retratada no livro bíblico que leva o seu nome.

Ester foi escolhida, dentre todas as mulheres virgens apresentadas ao rei Assuero, que a fez rainha. Ocorre que a pedido de seu parente Mardoqueu, um judeu muito sensato, ela não revelou ao rei sua origem judia. Também havia no reino um homem chamado Hamã, o segundo em poder abaixo do rei Assuero.

Mardoqueu estava ciente de que era odiado por Hamã, por não se prostrar diante dele. Assim, por um motivo puramente pessoal, Hamã elaborou um plano para exterminar os judeus e assim se vingar de Mardoqueu. Chegou até a construir uma forca gigante para executar seu desafeto.

Para conseguir seu intento, Hamã fez um decreto, segundo o qual todos os judeus, de qualquer idade — jovens, velhos, mulheres e crianças — deveriam ser mortos, e seus bens confiscados e entregues ao rei.

Ao saber disso, Mardoqueu ficou desconsolado e foi avisar Ester. A rainha, por sua vez, após pedir direcionamento de Deus, pediu também que todo o povo judeu jejuasse por aquela causa, pois havia decidido, em um ato de bravura, ir à presença do rei, seu marido, para tentar resolver aquela grave questão.

Na época, ninguém poderia se aproximar do rei sem ser chamado, nem mesmo sua esposa, sob pena de morte. Todavia, Ester tinha um "o quê" grandioso, de modo que não importava para ela se sua ousadia lhe custasse a vida. Assim, ela se dirigiu corajosamente até o aposento real. Ao avistá-la, o rei prontamente estendeu o cetro de ouro na direção dela. Com esse gesto, ele estava indicando que ela tinha permissão para se aproximar.

Ester havia de fato conquistado o amor do rei, conforme ele demonstrou na ocasião ao dizer que ela poderia pedir tudo que desejasse, até metade do reino. Ester então convidou o rei Assuero e Hamã para um banquete que ela iria preparar.

Durante o banquete, o rei perguntou a Ester qual era seu pedido e mais uma vez prometeu que lhe daria até metade do reino. Então, a rainha falou:

Se, ó rei, achei graça aos teus olhos, e se bem parecer ao rei, dê-se-me a minha vida como minha petição, e o meu povo como meu desejo. Porque fomos vendidos, eu e o meu povo, para nos destruírem, matarem, e aniquilarem de vez; se ainda por servos e por servas nos vendessem, calar-me-ia; ainda que o opressor não poderia ter compensado a perda do rei *(Ester 7.3,4, Almeida Corrigida, Fiel).*

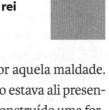

Surpreso, o rei quis saber quem era o responsável por aquela maldade. Ester revelou ao rei que o opressor e o inimigo de seu povo estava ali presente: era Hamã. Ela também contou ao rei que Hamã havia construído uma forca para executar Mardoqueu.

Então, o rei determinou que o próprio Hamã fosse morto na forca que construíra. Também lhe tirou do dedo o anel real, símbolo de poder, e o entregou a Mardoqueu.

Mais tarde, Assuero autorizou Mardoqueu a alterar o decreto. Ele assim o fez e selou o documento com o anel real que antes fora de Hamã. O novo decreto foi logo enviado a todas as províncias.

Depois disso, "Mardoqueu saiu da presença do rei com veste real azul-celeste e branca, como também com uma grande coroa de ouro, e com uma capa de linho fino e púrpura, e a cidade de Susã exultou e se alegrou. E para os judeus houve luz, e alegria, e gozo, e honra" (Ester 8.15,16, *Almeida Corrigida, Fiel*).

Percebe como uma atitude com propósito voltado para Deus pode mudar até mesmo a história de um povo, de uma nação?

Ester deixa evidente, com sua postura, que seu coração estava voltado para princípios e valores. Ela poderia, em um ato egoísta, ter pensado apenas em si (como fez Dalila), que já era rainha, e dizer: "O que posso fazer? A lei é assim". Todavia, seu coração era movido por propósito. Ela pensava no outro; por isso, mesmo podendo exigir metade do reino de Assuero, optou por salvar os judeus.

Ela trocou (*networking* de compensadores) a riqueza pela causa. O poder e o dinheiro acabariam um dia, mas sua ação se eternizou no tempo e no espaço. E, ainda como consequência, ela continuou rainha, uma mulher corajosa e admirável que arriscou a própria vida por amor ao próximo.

Quantas crianças, jovens e velhos tiveram a vida poupada e quantos descendentes daquele povo vivem hoje por causa de uma atitude de coragem, daquela decisão de Ester, com seu *networking* de propósito!

Imagine se Dalila tivesse se arrependido de seus atos e se unisse a Sansão, que estava apaixonado por ela. Sem dúvida, a história teria sido bem diferente, e ao lermos sobre sua vida sentiríamos admiração por ela, assim como admiramos Ester.

Essas histórias demonstram que nossas atitudes não ficam restritas a nós nem à nossa casa. Assim como a postura de Ester se estende infinitamente no tempo, nossas boas e más escolhas se perpetuam, fora de nosso controle.

Tudo que fazemos causa algum impacto e de alguma forma irá interferir na vida de alguém — um dia em que você deixou de votar; uma briga que você causou à qual seu filho assistiu; um dia em que você foi comprar pão e elogiou o atendente, que chegou em casa feliz; uma ocasião em que validou seu filho, e ele foi seguro fazer uma prova decisiva para seu futuro.

Nossas ações, boas ou más, definitivamente não terminam em nós. Portanto, precisamos ter muita responsabilidade quando nos conectamos com as pessoas e fazemos nosso *networking*.

Por fim, no que tange ao *networking* legítimo, contamos a história do médico que curou alguns portadores de uma doença cuja cura era desconhecida, mesmo não estando aquelas pessoas sob seus cuidados.

Você consegue identificar a qual passagem bíblica essa história se refere? Caso tenha respondido que se trata da ocasião em que Jesus curou dez leprosos, acertou!

Nessa passagem, registrada em Lucas 17.11-19, Jesus curou dez leprosos que se aproximaram dele pedindo misericórdia. No entanto, só um deles voltou louvando a Deus, prostrou-se diante de quem o havia curado e lhe agradeceu. Jesus então perguntou: "Não eram dez os que foram curados? Onde estão os nove?" (Lucas 17.17, *Almeida Revista e Atualizada*).

MODELANDO O PERFEITO AMOR

A lepra era tida como uma maldição, um castigo divino, por isso os leprosos eram vítimas de julgamento e de estigma social. As pessoas se afastavam deles, e curar um leproso era impossível.

Nesse episódio, Jesus mostra, além de seu poder, que se relacionava por propósito, por amor ao próximo, independentemente se o outro reconhecia ou não suas ações, que começavam em Deus e terminavam no outro.

O homem agradecido era portador de um espírito humilde e de um coração grato, pois só assim conseguimos reconhecer a obra do outro e de Deus em nossa vida. Ele voltou, agradeceu e com humildade reconheceu o benefício recebido. Por isso, não só se curou, mas se salvou, porque Jesus declarou: "Levanta-te e vai; a tua fé te salvou" (Lucas 17.19, *Almeida Revista e Atualizada*).

Dos nove leprosos curados, o único que reconheceu a grandeza de Deus e voltou para agradecer recebeu não só a cura física, mas também teve a alma salva. Essa transformação atingiu a eternidade, pois para se salvar é preciso primeiramente ser na essência.

Este é o grande convite deste livro: que possamos ser na essência. Para isso, precisamos ter os pés no chão, princípios no coração e os olhos voltados para a eternidade.

Essa receita jamais falhará. Honre princípios e se curve perante Deus, pois é dele que emana todo o poder e toda a glória.

Quando vibramos com arrogância e prepotência, é porque estamos desconectados do divino.

As histórias contadas neste livro mostram muito sobre tragédias e bênçãos, e os que se tornaram grandiosos, os heróis da fé, foram os homens que aceitaram as tragédias, receberam tudo que lhes acontecia, independentemente da dor que isso implicaria, porém jamais desviaram o olhar da eternidade e assim se tornaram inspiradores e grandiosos.

Citamos Abraão, cuja história é mencionada no livro de Gênesis 22.1-18, que levou seu filho para ser sacrificado a pedido de Deus, que não queria a morte do rapaz, e sim saber onde estava o coração de Abraão. Ele passou no teste e foi validado.

José foi vendido pelos irmãos e foi preso injustamente sob a falsa acusação de uma mulher, todavia não deixou de crer que o preço que pagava tinha um propósito diante de Deus, e, quando testado, se fez grande, crescendo no invisível. Tornou-se governador do Egito e salvou seu povo e uma multidão da fome que assolou a região.

Davi contemplava Deus com sua vida, e sua fé era tamanha que ele não enxergava o tamanho do gigante Golias, que se tornava pequeno diante da grandeza de Deus. Assim, venceu aquele temido guerreiro, que havia feito todos os soldados fugirem. Mais tarde, perseguido por despertar a inveja e a ira do rei Saul, foi obrigado a fugir, porém honrou Saul até o último momento. Mesmo tendo a chance de matá-lo, recusou-se a fazê-lo, em uma admirável demonstração de fidelidade.

Ao ser questionado por ter poupado a vida do rei, que o perseguia, ele simplesmente respondeu com a seguinte assertiva: "Deixe a maldade com os malvados".

Para uma conexão verdadeira com Deus, é preciso deixar a maldade com os malvados. Era isso que Jesus fazia, e foi o que ele nos ensinou a fazer.

Se em determinado projeto surgir a dúvida sobre avançar ou não ou quando agirmos de certa maneira sem saber que estamos no caminho certo, devemos nos questionar: "Isso me afasta ou me aproxima de Deus?".

Se a resposta é que sua atitude irá afastá-lo de Deus e você ainda não agiu, procure saber o que fazer. Caso já tenha agido, retome sua rota. Se for o caso de se redimir com alguém, faça isso, mas siga em direção às coisas do alto, mantenha os olhos voltados para a placa que diz: "Eternidade lá na frente".

A resposta não deve ser dada com a boca, e sim com o coração, depois de ter analisado a real intenção e o objetivo de sua conduta. A consciência em seu coração, atrelada à essência divina que existe em você, irá conduzi-lo ao lugar certo.

Entregue a Deus sua vida e seus planos, porque nossa força vem de Deus. Podemos ser a pessoa mais poderosa do mundo, mas o maior poder é aquele que emana de Deus.

Assim, por não ter consciência dessa realidade, o imbatível Sansão foi derrotado, Golias, que se achava invencível, foi morto por um garoto com pedras na mão, e muitos outros são destituídos da mesma forma.

Lembra-se da conhecida frase: "Nem Deus afunda o Titanic"? Os homens que construíram aquele majestoso navio queriam dizer que haviam construído algo tão incrível, tão sublime e tão seguro que nem Deus poderia afundá-lo. E o final da história é de conhecimento público.

MODELANDO O PERFEITO AMOR

Quando o homem se põe à frente como senhor da própria vida e de si mesmo, revestido de arrogância e prepotência, os efeitos de sua postura são destruidores, quer velados, quer públicos.

Jesus nos ensina a sermos mansos e humildes de coração. Ele poderia vir pronto, mas passou por todas as fases de um ser humano, para honrar essa espécie e fechar as feridas deixadas pelo homem na Criação.

Quantos ensinamentos existem nos evangelhos! Quantos ensinamentos há na Bíblia!

Nosso cérebro não processa o desconhecido, por isso não há como amar a Deus ou a Jesus de verdade sem conhecê-los, daí a grandiosidade de ler a Bíblia. É apaixonante entender e conhecer a fonte de todo poder, o Perfeito Amor.

Nosso Deus é aquele que criou o céu e o firmamento, a água e o ar. Tudo que existe é obra dele, portanto não é de admirar que ele cure cegos e paralíticos, ressuscite mortos e caminhe sobre as águas.

É desse Deus que falamos, o Senhor do impossível, Deus de milagres, aquele que projetou você e pôs em seu coração a sede pela eternidade, que sabe exatamente o que você merece viver após os testes da vida.

Conecte-se ao Criador para viver seu futuro merecido em Deus. Ele sabe quem você é, quem você não é e quem você pode ser, se estiver com ele.

Citamos mais uma vez José e Davi, que tinham como futuro a sina de serem pastores de ovelhas, mas, aceitando as "tragédias e os desafios da vida", tornaram-se grandes representantes do povo — esse era o futuro merecido deles em Deus.

E qual é o seu? Talvez você não saiba ainda, mas, se cumprir princípios e ter o olhar sempre voltado para Deus, você, sua descendência e muitas pessoas receberão as dádivas de suas condutas de abundância.

Não se trata aqui apenas de ter um caminho colorido ou florido para você passar: consiste também em tornar colorido e alegre o caminho das pessoas à sua volta.

Aliás, nesses entrelaçamentos de histórias, nas voltas que o mundo dá, gostaríamos de citar aqui o filme *A vida em si*, em cujo enredo várias tragédias ocorrem para que lá na frente os descendentes daquelas pessoas, que talvez possam ser consideradas vítimas de uma situação, só existem e têm uma vida incrível porque seus antepassados viveram todas aquelas dores, bem como cada ato de amor.

A questão é que somos imaturos demais para entender que lá na frente os desencontros e tragédias da vida um dia farão sentido.

O filme termina com a narrativa da mensagem de uma mãe, muito doente e debilitada, a um filho, que queremos deixar registrada aqui. O conteúdo da mensagem é mais ou menos este:

> A vida vai colocar você de joelhos e levá-lo mais para baixo do que achamos que podemos chegar, mas se você se levantar e seguir adiante, se prosseguir nem que seja apenas um pouco mais, irá sempre encontrar o amor. Eu encontrei o amor em você, e minha vida e minha história irão continuar depois que eu me for, porque você é minha história, você é a história de seu pai e de seu tio. Meu corpo não aguenta, mas você é a sua mãe. Então, pode ir agora, e me dê uma vida linda. Quero a vida mais bonita de todas. E se a vida deixar a gente de joelhos, você levanta a gente. Levante-se, siga em frente e encontre o amor. Você vai fazer isso?

Desse modo, se focarmos você, sua composição, iremos verificar que você carrega seu pai, sua mãe, seus avós, seu bisavós e tantas outras pessoas que de alguma forma, conscientemente ou não, contribuíram para cada encontro entre seus antepassados e para que, dessa maneira, você estivesse aqui, agora, terminando de ler este livro.

Ao voltar e voltar, até chegar à sua origem, à sua composição, você encontrará o amor, o mais puro e Perfeito Amor, o amor daquele que criou você, que o formou e tornou possível sua existência, ao vencer você uma corrida entre 400 trilhões — tudo isso para que você fosse assim, exatamente como você é.

Portanto, sua composição é o amor, você foi projetado e formado pelo Perfeito Amor de Deus.

Ele depositou sua confiança em você, de que superaria todas as tragédias da vida; que venceria sempre; que, mesmo de joelhos, se levantaria e caminharia para a frente, e um pouco mais, para encontrar o Perfeito Amor.

MODELANDO O PERFEITO AMOR

Por isso, esteja hoje você de joelhos ou de pé, não desista. Caminhe um pouco mais, siga em frente mais um pouco e escreva a vida mais linda que puder, com os pés no chão, princípios no coração e os olhos voltados para a eternidade. Desse modo, acessará e se conectará de modo indissolúvel com o Perfeito Amor, o amor infinito de Deus Pai e Criador.

Como tudo aconteceu

Que bom que você chegou até aqui. Agora, que você viveu a experiência da leitura e das tarefas propostas ao longo dos capítulos, acredito que já pode saber como essa obra foi construída.

Em março de 2022, eu anunciei a abertura da minha primeira turma de mentoria. Nunca tinha feito algo parecido e, mesmo com aquele frio na barriga, decidi anunciar que as inscrições para a Mentoria Eagles estavam oficialmente abertas. Lembro-me exatamente dos sentimentos, pensamentos e emoções que tive quando tomei a decisão de anunciar aquela primeira turma. Não sabia ao certo "como" aconteceria, mas tinha certeza do "o quê" fazia sentido.

As inscrições se encerraram, e começamos a mentoria conforme o cronograma anunciado. Meu Deus! Nem nos meus melhores sonhos eu poderia prever que seria tão poderoso! Como eu gostaria de poder detalhar aqui tudo que aconteceu ao longo daqueles doze meses ao lado de pessoas que decidiram ser Eagles! Contudo, preciso ser objetivo.

Durante a mentoria, viajamos pelo Brasil, cumprindo a missão de realizar o Imersão Inteligência Emocional Método EVO, e pudemos, juntos, ver a transformação das pessoas a quem servíamos. A cada reunião, a cada Imersão, a nossa conexão aumentava ainda mais.

Chegamos ao mês de setembro de 2022, estávamos realizando o Imersão em Dourados, Mato Grosso do Sul, cumprindo juntos mais uma missão de resgatar pessoas da vida que viviam para a vida que mereciam viver. Como cada imersão tinha três dias de treinamento, ao final de cada um nos reuníamos para alinhar tudo o que havia acontecido. E foi em uma dessas reuniões, no imersão de Dourados, que algo poderoso ocorreu. Eu fiz um desafio: disse que aquele grupo seria responsável por construir um conteúdo em que a tríade corpo, alma e espirito pudesse ser real na vida das pessoas que passassem pelo treinamento. Disse também que o nome de todos eles estaria em uma placa em honra a tudo o que seria construído por nós.

A partir daquele momento, nossa conexão mudou. Éramos um único povo, tínhamos uma única língua. As ideias surgiam com leveza, as mudanças aconteciam como se fossem milimetricamente calculadas e planejadas.

Tudo acontecia com muita naturalidade e poder. Era perceptível nos depoimentos das pessoas, ao finalizarem o Imersão, que a transformação estava cada dia mais profunda e poderosa.

Em novembro de 2022, oito meses depois de iniciada a mentoria, tivemos um encontro presencial de dois dias, em Brasília. Quando começamos o primeiro dia, sem ter previamente planejado, tive uma ideia: fazer um livro juntos.

Isso mesmo. O livro que você acabou de ler foi escrito por mim e meus mentoreados. Essa foi a ideia que tive momentos antes de iniciarmos o nosso encontro presencial de novembro de 2022. E, de forma natural, simples e poderosa, desenvolvi uma técnica que carinhosamente batizamos de *Como escrever um livro em dois dias*.

Mas sabe por que isso foi possível? Porque demos o mesmo sentido a este projeto. E esse sentido não era sobre nós, mas sobre você, que um dia aceitaria viver a experiência de mergulhar dentro de você mesmo e descobrir sua essência.

Hoje, tenho a honra de dizer que há em mim um pouco de cada um dos meus Eagles e tenho certeza de que há um pouco de mim em cada um deles. Saiba você, que acabou de viver esta experiência, que a partir de agora existe em você um pouco de cada um de nós, Eagles.

No início, a ideia era eternizar o nome de todos que contribuíram com este projeto em uma placa, mas o que aconteceu foi algo diferente. O projeto deixou de ser apenas uma mudança na metodologia e no conteúdo do Imersão Inteligência Emocional Método EVO e se tornou um manual de conduta para a vida. Hoje, tenho a certeza de que só existe uma forma de ser eterno, e não é sobre não morrer, mas sobre permitir que sua vida seja conhecida pelas pessoas quando acessarem seu conteúdo, mesmo depois de sua morte.

O conteúdo deste livro eterniza cada uma das pessoas que aceitaram o desafio de fazer algo novo — e que agora tenho a honra de apresentar:

Ana Paula Bianco El Rafih
Bárbara Cristina Cazarini Senna
Clayton Barcelo Silva
Cleibe Ferraz de Almeida

COMO TUDO ACONTECEU

Demetrius Titan Pita de Lima e Silva
Ednalva Pereira da Silva
Erika Lima de Castro Pavan
Fabiana da Silva Lima de Sousa
Fabiana Leonardi de Sousa
Flaviana Gomes Ferreira
Francilene de Castro Bezerra
Francisca Elizabeth Lima de Oliveira
Giancarlo Tenório
Joniscléia de Sousa Cantanhêde
José Henrique de Sousa Nascimento
Juliana Zorzo Silva Miranda
Katia Silvana Ferreira Evangelista
Lívia Dantas Maurício
Marcelo Marques Miranda
Márcio Micheli
Mariele de Ávila Santos
Mayco Dias de Sousa
Monica Selma Deiss Zimpel
Nivea Lorena Torres
Raquel Rosa de Oliveira Souza
Rodrigo de Jesus Araújo Silva
Talita Santos Barcelos Ferraz
Uenio de Souza Silva

Eagles, vocês nasceram para atuar. Atuar para transformar. O seu palco é a vida, o seu aplauso é a transformação e o prêmio é o amor.

Esta obra foi composta em *Karmina*
e impressa por Gráfica Reproset sobre papel
Offset 75g/m² para Editora Vida.